Yo decreto con Saint Germain

Yo decreto con Saint Germain

Amor, familia, trabajo, salud, abundancia, equilibrio, perdón, sanación...

Akari Berganzo

EL LIBRO MUERE CUANDO LO FOTOCOPIAN

Título de la obra: *Yo decreto con Saint Germain. Amor, familia, trabajo, salud, abundancia, equilibrio, perdón, sanación...*

COORDINACIÓN EDITORIAL: Gilda Moreno Manzur
DIAGRAMACIÓN: Ivette Ordóñez P.
ILUSTRACIÓN DE PORTADA: Stefanía Beltrán

© 2015 Editorial Pax México, Librería Carlos Cesarman, S.A.
  Av. Cuauhtémoc 1430
  Col. Santa Cruz Atoyac
  México DF 03310
  Tel. 5605 7677
  Fax 5605 7600
  www.editorialpax.com

Primera edición
ISBN 978-607-9346-62-1
Reservados todos los derechos
Impreso en México / *Printed in Mexico*

Índice

Dedicatoria

A mi ángel, querido amigo: gracias por cuidarme, gracias por estar conmigo siempre en los momentos difíciles, gracias por hacerme reír, gracias por ser tú el ser que está conmigo a cada instante. Va por ti.

Mi agradecimiento al Maestro Saint Germain por brindarme este material y a todos aquellos que participaron en este proyecto y sin quienes no habría sido posible.

Mis agradecimientos más sinceros:

Al arquitecto Gerardo Gally, por abrirme las puertas en Editorial Pax, por el voto de confianza al apostar por este proyecto, y a todo el personal involucrado en el desarrollo de esta obra. Gracias infinitas por estar aquí, por el cuidado prestado al material y por ser parte de este proyecto.

A Gilda Moreno, por el fino trabajo de corrección de estilo, por su profesionalismo y por permitirme ser parte del proceso.

Al Maestro Ascendido Saint Germain, por confiar en mí y por haberme brindado su confianza al entregarme este texto para compartirlo con toda la humanidad.

Akari Berganzo

Mi sincero y humilde agradecimiento al universo mismo por esta nueva oportunidad de ofrecerme su apoyo incondicional y su infinito amor.

Al lector por comprar este libro, confiando así en el mensaje, y por invertir su tiempo al leer el mismo.

Akari

Dedicatoria de
Saint Germain

Queridos hermanos, este libro se lo dedico a ustedes, a cada una de sus almas que intentan sanar para liberarse, encontrarse y así evolucionar.

Introducción

Antes de comenzar de lleno con el contenido, quiero que consideren una situación que en uno u otro momento les tocará afrontar.

¿Qué harían si hoy fueran a vivir sus tres últimas horas de vida? ¿Y si no existiese la reencarnación ni tampoco ningún plano astral? ¿Cómo afrontarían tales hechos?

¿Cómo sanarían y perdonarían todo error propio y ajeno? ¿De quién se despedirían? ¿Qué consejo brindarían a los demás seres como sus últimas palabras?

Procuren vivir cada instante en la pura elevación, situándose en la realidad, enfocando sus instantes, minutos, horas, semanas, meses y años como si todos ellos fuesen las tres últimas horas de su existencia. Así aprenderán a centrarse, a expresarse únicamente con amor, a prestar atención sólo a lo que merece ser atendido. Así aprenderán a dirigir cada palabra y cada hecho con bondad y honestidad a sí mismos y a sus prójimos, así estarían siempre listos para afrontar la muerte sin temor para liberarse del karma.

Suelen preguntarme mentalmente qué pueden hacer para mejorar su existencia, así como qué pueden esperar de mí y de ustedes mismos. Todos estos cuestionamientos se resumen en una sencilla palabra: amor. Si son capaces de darlo, merecen tenerlo y yo –lo mismo que el universo y todo ser de luz astral– les brindo eternamente mi amor.

Sin embargo, hermanos míos, para reconocer el amor primero deberán ser capaces de ofrecerlo y comprenderlo con la carga de respeto, sinceridad, dignidad, bondad, humildad y desapego que este estado emocional, palabra y concepto implican. Así comprenderán que el verdadero amor no conoce de soberbias, mentiras, traiciones, posesiones, ofensas, calumnias, chantajes (recuerden, ustedes no son objetos de compraventa o amenazas). Este amor tampoco acepta situaciones turbias; es limpio, puro, absoluto, cristalino, bondadoso, tierno, comprensible, tolerante, piadoso, dulce, equilibrado, noble y sencillo.

El amor es la única verdad que sana en totalidad, incluyendo cualquier circunstancia. Comprendan que, si buscan sanar su cuerpo físico, primero deberán sanar su alma; si quieren sanar su relación de pareja, primero deberán sanar como seres humanos; si anhelan mejoras laborales, primero deberán sanar su relación con el concepto del empleo; si desean mejorar las condiciones de su país, tendrán que comenzar por sanear su relación y la visión que de él tienen mediante el amor.

En cualquier situación, la sanación sólo llegará si realizan un cambio absoluto de frecuencia guiado hacia el amor, que respete y promueva ese vínculo, sin importar el contexto.

No toda persona debe existir y conducirse siguiendo los modelos válidos para cada uno de ustedes. No obstante, sí tendrán siempre que respetarse unos a otros; amarse en el silencio, la tolerancia y la prudencia; reconocer la diversidad de pensamientos, costumbres, ideologías y temperamentos.

Esto no quiere decir que estén obligados a vivir en su núcleo de familiares o amistades con formas de pensamiento, conducta o credo con los que no concuerdes; aquí es donde pueden aplicar su libre albedrío para decidir con quién quieren o no convivir en su realidad y por qué. Ahora bien, como he mencionado en ocasiones anteriores, eso no les da derecho a juzgar, ofender o lacerar a ningún ser bajo ningún concepto. El respeto es la esencia del amor.

El material que ahora les entrego trata sobre decretos de amor. No es únicamente una clave para sanar relaciones de pareja, sino una guía de decretos de amor para buscar sanear todos los aspectos de su vida bajo todos los ángulos existentes de la realidad física. El propósito es sanar y liberar su alma para permitirle evolucionar y ser más plena. **Todos los decretos se trabajan sobre el fundamento del amor.**

Los decretos han sido diseñados para trabajar en las más hondas necesidades del ser humano: he buscado ofrecerles en estas páginas una gama de ellos tan vasta como consideré que les serían útiles. Aquí encontrarán múltiples temas, desde aquellos muy simples hasta los que buscan resolver situaciones complejas. Tomen en cuenta que la fe es la base de los resultados palpables y el amor es el motor que sana toda situación imperfecta. Por consiguiente, jamás apliquen el odio para combatir el odio, ya que esto sólo les provocará un cáncer emocional que, de no ser erradicado a tiempo, podría derivar en un cáncer físico.

Para optimizar los resultados del material es importante que antes de repetir cualquier decreto realicen un sencillo ejercicio de respiraciones profundas, inhalando y exhalando con todo el corazón pleno de serenidad, amor y confianza infinita. Visualicen cada inhalación en dorado y cada exhalación en morado; de este modo, al exhalar estarán transmutando cualquier energía residual. Imaginen que las exhalaciones les liberan de toda imperfección que no esté fluyendo en la correcta sintonía que el universo anhela para cada uno de ustedes.

Yo les bendigo, suyo siempre, su hermano Saint Germain.

Consejos del Maestro Saint Germain

Hermanos míos, los decretos son una poderosa herramienta de sanación espiritual que buscan liberarles del dolor saneando cualquier situación a fondo, desde la misma raíz del problema.

Si trabajan frecuentemente con ellos, con sinceridad, confianza y nobles sentimientos, verán cómo la energía se mueve y se transforma creando los milagros que esperan de ellos.

Les aconsejo que comiencen a sanar las situaciones desde el mismo instante en que surgen y no esperen a un mañana que podría no llegar. Si no trabajan constantemente en sanar el dolor o el problema, no podrán ver la luz. Todo proceso que deba ser clarificado y transmutado requiere de su sinceridad y de un trabajo constante. Fluyan en verdad y en constancia, y alcanzarán los resultados anhelados.

No es necesario que trabajen con todos los decretos de este libro, sino sólo con los que les produzcan una vibración o una aproximación vibratoria, es decir, que atraigan en primera instancia su atención, o bien con los que conscientemente deban o quieran trabajar.

Cómo apresurar el proceso de sanación y liberación

Formen un estuche de trabajo con los siguientes elementos:

- Una amatista en punta en bruto con al menos 10 centímetros de largo por 5 de ancho
- Una turmalina negra o verde o azul de las mismas medidas
- Una apofilita en bruto, la más grande que encuentren pero que no sobrepase la medida de su mano ya que la sujetarán en ella
- Un reproductor de música con un audio de olas de mar y otro de cuencos tibetanos
- Incienso de lavanda o mirra

- Un tapete de yoga morado
- Una manta o cobertor morado

Los decretos podrán estar grabados en un audio o bien repetirse mentalmente durante todo el proceso. La música de olas del mar induce los estados de relajación física y la de cuencos tibetanos altera los estados de conciencia purificadores, logrando que se desprogramen paulatinamente para sustituirlos con unos nuevos más elevados.

Por su parte, el incienso les ayudará a concentrarse y a alejar energías residuales del lugar mientras trabajan en la meditación. Los cristales deberán sujetarse con las manos, de preferencia la apofilita con la izquierda, y la amatista y la turmalina con la derecha. La manta servirá para que se cubran mientras meditan con los decretos y evitar padecer frío cuando baje su temperatura corporal. Sobre el tapete descansará su cuerpo físico, evitando enfriamientos y padecimientos musculares.

Este libro está estructurado con el fin de brindarles una valiosa herramienta de trabajo que ayude a mejorar su vida. Para mí es de vital importancia su sanación familiar, espiritual, laboral, emocional y física; por ello aquí encontrarán decretos dedicados a su bienestar físico y espiritual, a mejorar sus finanzas o a trabajar diferentes aspectos que no están fluyendo como deberían.

Recuerden que una parte del trabajo evolutivo consiste en trabajar con decretos, meditaciones y visualizaciones. Otra parte es exclusiva de nosotros, sus hermanos ascendidos, quienes trabajamos a nivel astral para brindarles toda la ayuda y sanación posible. Sin embargo, requerimos que colaboren para lograr llegar antes a sus objetivos, manteniendo una claridad mental, si no perfecta cuando menos positiva.

Trabajen paulatinamente en comenzar a cambiar cada pensamiento negativo por uno positivo. Si en un principio esto les resulta imposible, dirijan su mente al punto neutral, es decir, no piensen en las situaciones impregnándolas de expresiones, ideas, imágenes o palabras negativas que puedan significar la perdición o el bloqueo inmediato. De esta forma destruirían la imagen astral que estaba siendo ya conformada antes de ser atraída a la realidad al sucumbir a los pensamientos negativos.

Para ayudarse y ayudarnos, facilitando el trabajo de dirección hacia la construcción de sus proyectos, pueden aquí imaginar sus proyectos como un castillo de arena que se piensa construir al borde de las olas del mar. En efecto, esa arena húmeda es la materia más fértil para edificar su castillo y es el reflejo de su cerebro. Pero si constantemente temen al peligro potencial de que la ola llegue y derribe su castillo, jamás estarán preparados para empezar a pensar positivamente.

La ola potencialmente destructiva representa sus pensamientos en negativo, por lo general asociados con las palabras *no*, *imposible*, *quizás*, *tal vez*. Cada una de ellas, que denota un condicional o una negativa, implica que ustedes mismos comienzan a destruir su propio castillo, el cual apenas se encuentra en construcción. Por su parte, el castillo representa sus sueños: casarse, conseguir un mejor empleo, tener un hijo, alejar a un hijo de malas compañías, hacer un viaje o ayudar a mejorar la salud de un familiar. Cualquiera que sea la representación de este castillo, es terriblemente frágil mientras no se encuentre palpable en el mundo físico; es decir, mientras esté en edificación en el mundo astral es posible verle sucumbir ante un gran número de condicionantes o contaminantes propias y ajenas.

Por consiguiente, tengan sumo cuidado en no compartir sus más grandes anhelos con los demás, pues otros seres podrían enviar sus propias dudas a los proyectos de ustedes. Por ejemplo, Juan dice "Me sacaré la lotería y haré un viaje con ese dinero"; quizá Juan lleve años trabajando ese pensamiento en positivo, pero si lo comenta con sus compañeros de trabajo, sean cuales sean las intenciones de los demás, sería muy posible que contaminen el proyecto de Juan. Así, sin saberlo, él mismo habría complicado el logro de sus objetivos; Juan podría haber ganado el premio mayor, pero como muchos de sus conocidos dudaron que lo lograría, tal vez sólo alcance el reintegro.

Así funcionan las energías y ustedes deberán trabajar para impedir que las dudas o los pensamientos errados o negativos de los demás contaminen su castillo. Es imposible que descubran qué mentes actúan en positivo y cuáles en negativo respecto a sus proyectos. Por tanto, queridos míos, lo mejor es que a nadie expresen sus más altos anhelos, así como sus debilidades. Trabajen únicamente en privado, a modo mental, en ellas y a partir de su capacidad de hacerlo comenzarán a presenciar la transformación de su realidad.

PARTE I

DECRETOS PARA ADULTOS

Palabras de SAINT GERMAIN

La Parte 1 de este libro está destinada a ustedes, los adultos, pero también a aquellos pequeños aterrorizados escondidos en su interior que, sin lograr sanar, sufren atrapados por el terrible dolor que les causó un determinado hecho de su ayer y que les ha impedido desarrollarse en perfecta elevación.

Son ustedes los más necesitados de una sanación inmediata y asertiva. No es saludable que continúen sangrando espiritualmente con ese cúmulo de heridas, algunas quizá suscitadas durante su temprana infancia y muchas más que son sencillamente el acto reflejo de su karma generado por situaciones imperfectas ocurridas en otro tiempo, en otro espacio, bajo otro manto, pero siempre afectando la misma alma.

No pretendo mentirles –jamás lo haría– afirmando que un decreto repetido una única vez sana todo dolor y desarraiga cualquier situación. Más bien, todo proceso de sanación requiere tiempo, esfuerzo y una clara intención de sanación, que rendirán frutos. Es posible ser sanados si verdaderamente lo anhelan; en un instante u otro, cuando menos lo esperen, verán su alma libre y plena ya de aquel terrible dolor.

Como primer decreto quiero compartir con ustedes el siguiente, muy poderoso y mágico:

MÁGICO DECRETO DE SANACIÓN

**Yo soy la luz dorada de la sanación de Dios,
que siempre a mí vuelve
y me sana de todo pesar, de todo dolor.
Yo soy la perfecta salud, mental,
emocional, espiritual,
que me remite a Dios, siendo Dios quien
me guía,
quien me sana, quien me ama,
quien me libera de la enfermedad
y de situaciones imperfectas.**

**Así soy la magia de Dios actuando en
perfección,
sanando ya toda dificultad que antes me
afectó,
yo soy Dios actuando en excelsa sanación
que es bien aceptada y sustentada
para mí y para toda la humanidad.
Que juntos todos sanemos ya
por la gracia universal.
Así siempre bien será.**

Decreto para sanar el
DESPILFARRO ECONÓMICO

Yo soy la perfecta economía
que equilibra mis ingresos y egresos,
evitando todo despilfarro económico.

Yo soy los ingresos
que siempre cómodamente
sobrepasan mis egresos.

Yo soy el amor absoluto
y comparto la abundancia económica
que el cosmos me provee
con todos mis semejantes.

Yo soy la luz que fluye y se multiplica
en abundancia universal,
sin que exprese deudas ni pesares.

Soy[1] el perfecto equilibrio que comparte
y multiplica la abundancia universal
sin desgastarse.
Así es, así sea.

---

[1] Nota: al trabajar con decretos es importante colocar al inicio de cada línea la frase YO SOY o simplemente YO, según aplique. Esto ayuda a aumentar el poder natural del decreto ya que con el YO SOY o el YO se invoca la presencia de Dios en tu interior.

Decretos para
ATRAER DINERO

Atraer dinero 1

Yo soy quien convierte
carbón en diamantes,
soy quien transforma plomo en oro.
Yo te rencuentro siempre, Abundia mía,
viajando a tus arcas de la abundancia.
Yo soy la paz que aflora en gracia divina,
soy la esperanza que a ti regresa.
Ven a mí colmando mis arcas
de piedras preciosas,
de oro y diamantes,
de miles de esperanzas.

Yo te prometo en cambio
una sincera limosna a tus fieles hermanos,
a la caridad que tú elijas.
Yo soy gracia, encanto, paz y esperanza,
comparto mis arcas
con grandes amores y sincera modestia.
Yo viajo a ti, Abundia mía,
convirtiendo a partir de ahora
cualquier bloqueo anterior
en la divina corriente
de la abundancia misma.

Ven ya, Abundia mía,
atrayendo a mí todas tus gracias,
tus bellezas y tus grandes arcas
siempre abiertas para mí y los míos,
para ti y todo el universo.
Así es, así sea.

Atraer dinero 2

Yo solicito aquí el sincero perdón
a cualquier rechazo
por mí expresado antes
al divino fluir económico.
Yo soy la resurrección
de mis abundantes finanzas
Yo doy paz, amor y bondad,
me expreso con total claridad y sinceridad.
Yo bendigo las monedas, los lingotes,
el oro y el papel moneda,
y solicito su sincero perdón
por haber abusado de su existencia,
por la falta de estimación hacia ellos
con la cual me conduje.

Yo obtengo los más altos favores
de los bienes materiales,
que siempre llegaran a mí
con justicia, bondad y honestidad.

Yo los libero, los comparto,
los agradezco y los bendigo
en cada moneda, en cada billete,
en cada lingote y cada zafiro.
Yo honro a la querida Abundia,
reconociendo en ellos la gracia y la nobleza
que el universo me depara,
me honra y me regala.

Aquí te pido ser perdonada
honrando tus divinas finanzas.
Ven a mí, abundancia universal,
permitiéndome vivir con dignidad,
honestidad, tranquilidad y piedad.
Es así, abundancia divina,
que yo soy la que soy
y solicito que traigas a mí
la perfecta riqueza universal.
Así es, así sea.

Atraer dinero 3

Yo soy el oro consumado,
los billetes y mi propia resurrección.
Yo atraigo oportunidades acuñadas
con mi gracia y prodigios.
Yo soy las posibilidades infinitas
que llegan a mi ser.

Yo soy la paz y la ética
que sabe expandir la abundancia universal.
Yo atraigo oro, alhajas, coches y casas,
productos todos para actuar siempre
con integridad en el más alto bien.
Yo atraigo amor bendito de cada ser
que junto a mí por voluntad propia ha de estar.
Yo atraigo alegrías y sonrisas,
atraigo gracia y encanto,
comparto abrazos sinceros,
doy amor y recibo amor universal.

Yo soy la palabra abundancia
actuando en perfección
bajo la ley de atracción
en estupendos diamantes.
Yo me siento en perfección universal,
mi corazón y mis bienes
siempre he de compartir.
Así es, así es, así sea.

Atraer dinero 4

Yo me multiplico en dinero,
oro y alhajas.
Yo me multiplico en perdón,
amor y compasión.
Yo comparto las gracias y cualidades

otorgadas y regaladas por el universo mismo.
Yo bendigo mi existencia y la de los demás,
y solicito una correcta transmutación universal.

De todas las finanzas en cada hogar,
en cada nación,
pido humildemente a la justicia cósmica
erradicar toda miseria y sanar cualquier desamor,
transformar la injusticia en la perfecta justicia
universal.

Abundancia, ven ya a mí
y cuídame siempre en tu fiel seno.
Así es, así sea.

Decretos para
ATRAER LA ABUNDANCIA

Atraer la abundancia 1

Yo soy la luz universal que no conoce escasez,
fluyo en bienes materiales,
mentales y espirituales.

Yo soy resarcido y sanado de
cualquier carencia pasada,
mis finanzas fluyen en abundancia infinita,

mis ingresos son mayores que mis egresos
y no conozco de deudas.
Así es, así sea.

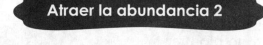

Atraer la abundancia 2

Yo soy quien atrae la abundancia universal,
que es generosa con mi ser
como yo a mi vez lo soy conmigo.

Yo fluyo en la más alta prosperidad,
que no me falten oro ni alhajas,
que no me falten bienes ni honesto sustento.
Así sea.

Atraer la abundancia 3

Yo soy la paz y la armonía que llega a mí,
yo fluyo en la más pura abundancia
producida con dignidad sin causar ningún mal.
Yo atraigo el dinero con sencilla naturalidad,
mis ingresos superan a mis egresos.

Que nada me falte, que mucho me sobre
para compartir la abundancia universal.
Así es, así sea.

Decretos para
MEJORAR LAS FINANZAS

Mejorar las finanzas 1

Yo sano todo bloqueo,
me reconecto con la abundancia,
sano mis finanzas,
soy la justicia que otorga prosperidad.

Yo soy luz, oro precipitado,
alegría y paz, abundancia y esperanza.
Yo soy el equilibrio financiero.
Yo soy armonía universal.
Así es, así sea,
así será.

Mejorar las finanzas 2

Yo me gesto en armonía,
mis finanzas sanas son,
poseo más ingresos que egresos.
Yo soy paz y expansión,
soy equilibrio y revolución
que una nueva abundancia trae consigo.
Así es, así sea,
así será.

Decretos para
OPTIMIZAR LOS RECURSOS

Optimizar los recursos 1

Yo soy la abundancia compartida
que se regenera sin cesar.

Yo soy la abundancia
que viaja y multiplica
sin saber restar.

Yo soy alegría y plenitud,
mejorando todos los aspectos
de mi existir.

Yo comparto el amor, el oro
y las posibilidades infinitas.

Yo soy bondad
y solicito el perdón universal
por mis errores de administración.

Yo soy luz y éxito,
abundancia y sincero perdón.
Yo optimizo mis recursos.

Así es, así sea,
bendita transmutación.

Optimizar los recursos 2

Yo fluyo en prosperidad, abundancia,
paz, armonía, bondades infinitas.
Yo soy alegría,
oro y diamantes, zafiros, amatistas.
Yo fluyo en dinero, en paz.

Yo cimiento bondades,
compartiendo mi prosperidad,
mi corazón, mis sentimientos.

Yo me alegro de las bendiciones propias.
Yo soy noble de espíritu,
soy alegría y paz.

La abundancia fluye a mí,
la abundancia fluye en cada ser,
en cada país, en cada hogar.

La armonía llega a nosotros,
a cada uno, en cada instante,
en justicia divina, sin incurrir en agravios.

La abundancia siempre llega,
sólo tras una conducta digna
que no me daña, que no me bloquea,
que no afecta a ser alguno.
Así es, así sea.

Decretos para
PROMOVER LA ABUNDANCIA

Promover la abundancia 1

Yo soy la abundancia universal
y lo soy en plenitud cósmica.
Así sea.

Promover la abundancia 2

Yo soy la extensión de Abundia
que no conoce escasez,
que el oro multiplica entre sus manos
siempre en infinita prosperidad.
Así es, así sea.

Promover la abundancia 3

Yo el oro multiplico,
el oro siempre precipito,
soy el mismo oro que actúa en abundancia,
generando mi plena paz.
Así soy abundancia universal.
Así sea.

Yo la gracia universal
poseo en abundancia consumada.
En mis manos
no escasea la gracia universal.

Que el oro me llegue
y los rubíes me inunden,
precipitando riquezas por doquier.
Que ningún alma conozca la escasez,
que todas encuentren
su divina plenitud.

Así se crea, así se sustenta,
así me encuentro
en abundancia universal.
Así es, así sea.

Decretos para sanar
LOS BLOQUEOS ECONÓMICOS

Sanar los bloqueos económicos 1

Yo soy el amor que sana mis finanzas,
que crea abundancia.
Yo soy la llave que sana mis finanzas,

el oro perpetuo que se multiplica.
Yo atraigo prosperidad universal,
soy la propia prosperidad.

Yo multiplico mis ingresos
y minimizo mis egresos,
sólo genero abundancia en cada instante
de mi vida.

Yo amo compartir mi abundancia,
comprendiendo que así expreso amor y gratitud.
Yo comparto la abundancia universal
con todos mis semejantes.
Yo doy amor.
Así es, así sea.

Sanar los bloqueos económicos 2

Yo bendigo el divino flujo económico
que me cubre y protege de cualquier malestar.

Yo amo aquí y ahora
la existencia de mis semejantes,
reconociendo que son parte de mi ser.

Yo soy bendiciones infinitas
colmadas de amor que generan
la perfecta abundancia universal.
Así es, así sea.

Sanar los bloqueos económicos 3

Yo soy el precioso fluir del amor
que me bendice en cada instante.
Yo reconozco en mí el puro amor universal.
Doy gracias al universo
por la prosperidad
que hoy se abre ante mí.
Yo la comparto y la bendigo,
yo soy así.

Sanar los bloqueos económicos 4

Yo modifico toda relación
errada o egoísta con el dinero
que antes pude tener,
liberando aquí y ahora
cualquier bloqueo que hubiese existido.
Yo genero apertura universal,
bendigo el flujo del dinero,
lo comparto y le permito evolucionar.
Soy comedido con mis semejantes
y olvido cualquier avaricia anterior.
Reconozco que la abundancia fluye
atrayendo siempre mayores riquezas
a quien las comparte con su prójimo.
Así es, así sea.

Decretos para
CASARSE BIEN

Casarse bien 1

Yo soy la gracia universal,
bendita y divina
que fluye con facilidad.
Bien amada es en cada instante
de mi divinidad.

Así yo fluyo en paz y armonía,
en calma y serenidad,
pidiéndole al universo que me conceda
la gracia de la felicidad.

Yo solicito que el universo
me presente en prontitud
a mi mitad, a aquel ser divino y perfecto
para mi realidad,
que bien me ame, a quien bien yo ame,
que me respete, a quien yo respete.

Así fomentamos y generamos
el amor universal que sabrá siempre
fluir en perfecta expansión.

Que no existan truenos ni distancias,
personas ni energías que le alejen
nunca más de mí.

Que podamos fluir en magia universal,
que seamos siempre amados,
puros y serenos,
plenos y alegres.

Que nos unan el amor, la bondad,
la elevación y la evolución,
que nos una el bien con puro y sincero amor.
Así siempre sabremos fluir.

Yo te bendigo, te atraigo,
te amo y te sustento.
Soy quien sabe amar,
quien recibe puro amor universal,
atrayendo ya a mi vida a mi mitad.
Así es, ven,
ven pronto a mí,
así pronto bien será.

Casarse bien 2

Yo duplico el amor en puro bienestar.
Que bien viaje, se multiplique,
y sea siempre promovido y respetado
el bendito amor universal.

Así yo fluyo y vuelvo a fluir,
atrayendo hacia mí el verdadero amor
que me comprenda, me ame, me sostenga,
que dispuesto esté a ser amado,
apoyado y escuchado por mi ser.

Es así que bajo mi derecho divino
yo solicito que llegue a mí
el puro y sincero amor universal,
aquel que sea perfecto para mí en cada contexto,
para así juntos por siempre evolucionar.
Así es, y así siempre será.

Decretos para
COMBATIR LA SOLEDAD

Combatir la soledad 1

Yo soy el ser que no requiere de sentimientos
externos,
soy el roble que subsiste sin aguas externas.
Yo soy el ser que más me ama,
sanándome así de todo dolor.
Yo soy el amor universal
que de cualquier escasez de amor me recupera.
Yo soy mi propia divinidad generando
todo el flujo de amor que necesito.

Yo perdono a todo ser que no me supo amar,
perdono a todo ser que no me supo valorar.
Yo perdono a los que intentaron amar
sin haber escuchado a mi ser interior.
Yo perdono todo el odio y el desamor
que pudieron haber sido encauzados a mi ser.

Yo me perdono por no haber sido
merecedor de grandes amores.
Yo brindo amor y me libero
de todo desamor, dolor,
rabia y desolación.

Yo me sano a mí mismo
tras cada lágrima derramada,
la cual convierto en amor.
Yo soy el divino ser que sólo brinda amor
y que tras no haberse sentido amado
ahora se perdona, se libera, se sana,
reconociendo el amor universal
que está a mi disposición.

Así reconozco
que el amor universal que está puesto en mí
no necesita nombres ni aceptaciones expresas.
No se esfuma cual viento,
está aquí siempre para mí,
sanándome de todo dolor
que desde ahora se desarraiga y desprograma
a través de cada memoria celular.

Yo me libero del dolor,
me libero de todo desamor,
me reconozco en amor profundo y bendito.
Amor universal, ven ya a mi ser,
acude en mi amparo y protección
sanando todo mi interior,
cada ángulo de mi ser.

Bendita transmutación,
aparta de mí el dolor.

Así es, así sea,
desde todo ángulo de mi ser 1212,
así será.

Combatir la soledad 2

Yo erradico en mí
toda soledad
desprogramándola de mi realidad.

Yo dejo ir cualquier vibración errada
que pueda afectar el perfecto fluir del amor.
Yo me reconozco en el amor cósmico
atrayendo así sólo el perfecto amor universal.

Yo no acepto la soledad ni la infelicidad
en mi existencia
porque el amor que yo soy,

me cubre y protege.
Yo erradico todo dolor
y cualquier fuente posible de él,
soltando los errores pasados propios y ajenos.

Yo soy así, el manto divino y morado
que me cubre
eliminando en mí cualquier dolor posible,
por arraigado que éste pueda estar.
Porque yo soy el divino amor universal`
que siempre para bien mío ha de fluir.
Así es, así es, así sea.

Combatir la soledad 3

Yo soy el amor que me colma y me consuela,
soy el amor que me sana y que transforma.
Yo soy la luz universal
que viaja y se recarga de infinito amor,
sanando así toda pena de antaño.

Yo soy las manos que reciben amor y bondad,
soy la esperanza que me brinda luz,
la paz, la alegría que me infunde ilusión.

Yo recibo amor,
lo regalo, lo agradezco.
Yo me olvido de todo dolor,
fragilidad, odio y envidia.

Yo soy amor,
promuevo el equilibrio universal.
Yo vibro en amor, en paz,
atrayendo mi pura sanación.
Así sea, así es,
así será.

Combatir la soledad 4

Yo soy armonía que me sana
y me resguarda de todo pesar.
Yo me protejo de todo mal.

Soy plenitud, soy la transformación
del dolor en infinito amor.

Yo me brindo al amor que me resarce
de cualquier soledad,
me conecto con el amor universal.
Yo soy plenitud y bondad,
perdón y transmutación.

Soy alegría y sanación
que transforma así todo sufrimiento existente
en cada parte de mi ser.
Yo soy la divina sanación.
Así es, así es, así sea,
así será.

Combatir la soledad 5

Yo invoco a las fuerzas universales
para que vengan a mí
y purifiquen mi ser de todo dolor.
Yo soy libertad y bondad,
soy alegría que todo sana y transmuta.
Yo creo luz divina que me resarce de la aflicción.
Yo soy la paz interior que infunde confianza,
que genera más amor.
Yo invoco al amor para que venga a mi ser,
sanando así cualquier desamor anterior.
Yo me protejo sin laceraciones,
me abro al amor universal,
reconociendo en él la extensión de mi propio ser.
Yo estoy amparado, bien amado y resguardado,
vibro desde ahora en puro amor.
Así sea.

Decretos para
ENCONTRAR EL AMOR

Encontrar el amor 1

Yo perdono mis errores previos
que me impidieron encontrar
el verdadero amor.

Yo soy la libertad que viaja
y se reencuentra con el sincero amor.
Yo atraigo la autenticidad, la justicia,
la equidad, la alegría y la bondad.

Soy yo quien puede brindar
verdadero amor, fidelidad,
alegría y comprensión.

Yo soy alegría, satisfacción,
plenitud que sabe siempre bien fluir.
Yo bendigo tu presencia
en mi existencia
desde ayer y aguardo tu regreso
en esta nueva circunstancia.

Eres tú mi puro amor,
sin el cual me es difícil avanzar,
como tú sin mí has de reconectarte
para proseguir.

Somos el mismo ser
aguardando en paz y sin presión
que fluya el universo mismo
desplazándose hasta llegar a ti.

Somos la perfecta unidad
que pronto con la gracia cósmica
se reencontrarán.
Así es, así sea.

Encontrar el amor 2

Yo soy alegría y paz espiritual,
atraigo bendiciones infinitas
que ayudan a multiplicar.

Yo soy grandes oportunidades
y sinceras esperanzas,
quien todo logra
en perfección transmutar.

Yo soy calma y oportunidades,
me reactivo con la paz universal
y vibro en el amor total.

Yo soy la alegría que refleja
mi belleza interior y exterior.

Yo soy así,
viajo entre estrellas y diamantes,
entre sonrisas y sueños
que mañana veré concretarse.

Yo soy así,
la dicha universal que me abraza,
me protege, me ampara
y me libera del desamor.
Así es, así es,
así sea.

Decretos para
MEJORAR LAS RELACIONES

Mejorar las relaciones 1

Yo me conduzco bajo el divino mandato
de mi yo superior.
Yo apelo al yo superior de _____
para actuar siempre en elevación.
Yo promuevo las relaciones justas y equilibradas,
la paz universal.
Yo apelo al bienestar de todo ser
cuya esencia será siempre respetada.

Así me conduzco con bondad y tolerancia
hacia cada proceso,
hacia cada elección personal e impersonal,
respetando siempre el divino fluir,
sin forzar sentimientos propios o ajenos.

Yo soy luz y bienestar,
soy sincera honestidad.
No fuerzo de modo alguno
el impecable fluir de mis sentimientos
y de los ajenos.

Que todo sea bien transmutado,
sanado, comprendido y asimilado.

Que no termine el sincero amor universal,
que todo sentimiento logre fluir
sin disturbios ni agravios propios o ajenos.
Así es, así sea siempre la divina paz universal.

Mejorar las relaciones 2

Yo apelo a la justicia cósmica,
a cada corazón desde su yo superior.
Yo solicito que mis acciones,
pensamientos, sentimientos e intenciones
fluyan siempre sólo en elevación.

Que toda relación sea equilibrada, justificada,
sustentada, armónica e inmejorable.
Que de todo sentimiento, acción
y pensamiento dirigidos a mí
sean recibidos sólo aquellos
que sepan fluir en alta elevación,
en armonía, amor y plenitud.

Que los males sean neutralizados,
los errores perdonados,
que no queden cicatrices ni dolor.
Que el amor restaure, perdone
y equilibre toda situación anterior.
Yo solicito el perdón universal,
me amparo en el perdón universal.

Que así se fluya, se equilibre, se sane,
que así se encuentre la armonía general.
Así es, así sea siempre en elevación espiritual.

Mejorar las relaciones 3

Yo comparto y programo
toda sanación espiritual,
mental, física, emocional,
económica y social.

Que nada nos hiera,
que todo dolor sea liberado,
olvidado y eliminado.

Que nadie se sienta ya traicionado,
maldecido, ni traumatizado,
porque el amor que en mis brazos
encuentren les constituye
en divina transmutación.

Bajo la ley 1116
en los brazos de Saint Germain
yo me instauro, tú te instauras,
todos sanamos en su divino regazo.

Así es, así es, así sea,
así será por siempre.

Decreto para
RECIBIR AMOR FÍSICO

Yo soy el amor que fluye generando más amor,
soy el bendito aprendizaje que regala amor sin
desgaste.
Yo soy el ser que se ama a sí mismo
agradeciendo al universo mi divina creación.
Yo me conecto con el amor universal
al cual atraigo con mi mirada,
mis bondades, mi dulzura,
mi sinceridad, mi corazón.

Yo reconozco en cada ser
el reflejo puro, sincero
y respetuoso del amor,
el cual comparto
brindándome y correspondiendo.

Yo atraigo sólo a seres de noble corazón,
atraigo únicamente al verdadero amor,
equilibrado, tolerante, evolutivo, divino.

Aquel amor que colma
a ambos seres
de bendiciones infinitas,
de grandes sonrisas a cada instante.
Así es mi bendito amor,
que se aproxima ya a mi existencia física.

Yo comparto amor y bendigo a mi pareja divina
mediante el respeto, amor, alegría y fidelidad.
Al brindarle espacio a sus proyectos,
atención a sus palabras,
bondad hacia sus sentimientos,
tolerancia para comprender sus problemas,
amistad para sobrellevar las dificultades,
dulzura para resguardarla de los malos momentos.

Yo soy el precioso amor
que recibe las mismas bendiciones
que yo otorgo a mis semejantes.
Yo desprogramo y erradico de mi existencia
desde ahora cualquier concepto de desamor o
soledad.
Yo soy abundancia de amor físico,
mental, espiritual, emocional y material.
Así es, así sea.

Decretos para
RESTAURAR RELACIONES

Restaurar relaciones 1

Yo soy plenitud que te abraza y te respeta,
que te ama y te bendice.
Eres tú amor y libertad que me abraza

y me respeta,
en perfección universal.
Que cada latido, que cada pensamiento,
sean benditos, divinos y perfectos
para el equilibrio universal.

Que cada sentimiento sea puro y noble,
equilibrado y justo
para ambas almas en igualdad de
circunstancias,
equilibrando los pensamientos, emociones y
sentimientos.
Así es, así sea.

Restaurar relaciones 2

Yo te bendigo y te comprendo,
te apoyo con elevación espiritual.
Que todo fluya y se ajuste,
que todo mal se erradique
y todo bien se sustente.

Yo libero mis emociones,
que transmuten mis dudas.
Tú liberas y sanas tus emociones,
que tus dudas sean calmadas y transmutadas.
Que todo fluya y se equilibre,
que todo sane, se libere y reestructure,

fluyendo siempre en bendiciones, en más amor.
Que este amor sólo sepa siempre bien crecer,
que la energía que nos envuelve en este vínculo
sea siempre estable y plena de respeto y amor,
justicia y bienestar,
brindando siempre misericordia,
bondades infinitas,
tolerancia y adaptación.
Así es, así sea, por nuestro bienestar universal.

Decretos para
TERMINAR RELACIONES DESTRUCTIVAS

Terminar relaciones destructivas 1

Desde hoy me libero rompiendo contigo
todo vínculo
que me lacera y me bloquea.
Yo soy alegría y sanación,
yo fluyo en divina inteligencia.
Yo rompo con todo patrón, relación,
pensamiento y acción
que me lastimen o pretendan destruir
mi divinidad y mi integridad.

Que todo sane, que todo sea liberado,
programándome sólo para la perfecta sanación

y la armonía universal.
Que ella me abrace, que ella me colme,
y me libre de todo mal.
Así es, así sea, fluyendo en sabiduría.

Terminar relaciones destructivas 2

Yo soy la luz que viaja
erradicando de mi realidad
toda relación destructiva,
rompiendo vínculos errados
que no han sido aún terminados.

Que el amor sea restaurado,
la autoconfianza sustentada
y el respeto restaurado.

Que me permitas evolucionar
al erradicarme de tu existencia,
que te permita yo sanar
erradicándote de la mía.
Que cada alma evolucione sin rencores,
sin odios, sin dolores.

Así te libero, así me libero de toda relación
que jamás debió ser.
Así es el divino amor que me fortalece,
que me libera de ti y te libera de mí.
Así es, así sea.

Decretos para
COMBATIR EL EGOÍSMO

Combatir el egoísmo 1

Yo fluyo siempre en humildad,
yo perdono el egoísmo propio y ajeno,
yo otorgo bendiciones.
Soy la magia presencial
que transforma todo mal
elevando mi espíritu con gran nobleza
y con sinceras bondades.
Yo soy el amor, soy humildad,
guío mis pasos con sinceridad.

Yo entrego mi espíritu en divina piedad,
sin rencor, sin centrar mis virtudes
en mi propio ser,
reconociendo la gracia universal
en el acto de compartir.

Así yo fluyo, me amparo y me programo,
actuando siempre en pura divinidad
con gran verdad, amor,
sabiduría y elevación.
Soy quien comparte su tiempo,

sus gracias y bondades.
Soy la pura realidad
que desprograma todo egoísmo,
convirtiéndolo en grandes virtudes
que no conozcan final.
Así será.

Combatir el egoísmo 2

La paz llega, la paz se instaura en humildad.
Yo soy dicha, paz,
soy bondades infinitas que saben fluir,
sin odios ni desilusiones.
Así arribo, me sustento, me equilibro,
tendiendo siempre mi mano
a mi hermano, reconociéndolo
en cada mirada, en cada palabra
que, lejanas o cercanas,
están bien amparadas y enfocadas.
Yo regalo sonrisas, placeres y gracias
siendo honesto y fiel a la luz universal.
Yo comparto mis bienes y sustentos,
mi sonrisa y mi corazón.
Mi alma te ampara y te resguarda
en cada palabra, en cada suspiro.
Es mi fundamento la divina gracia,
la pura esencia que te transmito
tal cual soy, en divino emerger.
Así es, así sea.

Combatir el egoísmo 3

Yo soy la pureza, la gracia,
la luz que fluye, se estabiliza y comparte.
Yo soy amor, elegancia y encanto.
Así me sustento, así me guío
en bondades infinitas, en alegrías.
Yo comparto la dulce luz universal
en cada acto bondadoso, que emprendo,
brindándome a la gracia universal.
Así será.

Combatir el egoísmo 4

Yo soy quien fluye en armonía y amor,
quien sana en perfección,
quien reestructura sus sentimientos y bondades.
Yo comparto desde ahora lo mejor de mi ser,
distribuyo el espacio, mi tiempo y mi alma.

Así soy yo, quien no conoce de egoísmos,
quien comparte siempre su pan,
su tiempo, sus ganancias y su alma.
Así fluyo en bendiciones, en calma,
compartiendo mis gracias con cada alma
sabiendo que el cosmos más me dará.
Así es, así será.

Decretos para
COMBATIR LA INGRATITUD

Combatir la ingratitud 1

Yo me programo para recibir el más alto
bienestar.
Así yo soy quien fluye y vuelve a fluir,
siempre en pura elevación.
Yo solicito al universo divino
que aplique ya su perfecta gratitud,
que todo fluya siempre en puro bienestar.

Así yo soy quien vive en expansión universal,
que sea siempre la gratitud bien instaurada
sanando corazones por doquier.
Así solicito aquí que todo ser
actúe y reciba siempre en gratitud.
Así es y así será.

Combatir la ingratitud 2

Aplicando aquí la luz universal
yo solicito su gracia,
esperando que la gratitud se multiplique
en corazones, en sociedades,
en empresas y en todo proyecto.

Que todo sepa siempre bien fluir
restituyendo la paz,
aplicando así la perfecta justicia
que sustentará el bienestar universal.
Así es y así será.

Combatir la ingratitud 3

Que la ingratitud siempre termine,
que la gratitud siempre se restaure,
que todo corazón enfermo sane,
que toda alma contaminada se purifique.
Que todo odio se termine,
que todo mal no exista más.
Así solicito que sane cada relación
en cada alma, en cada hogar
bajo el alto bienestar.
Así será.

Decretos para
COMBATIR LA IRA

Combatir la ira 1

Yo soy la paz en cada partícula de mi divino ser.
Yo no acepto la rabia, la ira ni el dolor

porque yo soy la llama de Dios.
En Él me calmo, en Él me encuentro,
en Él me sustento,
liberándome ya de todo dolor.
Así activo la paz en mí, la sustento en mí,
sanándome ya de toda ira y toda rabia.
Así ya es, así siempre bien será.

Combatir la ira 2

Yo soy la calma sustentada,
soy la calma que perdona y fundamenta mi
existencia.
Yo soy la paz que vuelve a mí
olvidando toda ira, olvidando toda ofensa.

Así soy yo, la armonía universal
que no se afecta, que no conoce
ni sustenta la ira ni el enojo,
desarraigándolos ya de mi divino existir.
Así ya es, así siempre bien será.

Combatir la ira 3

Yo olvido toda ofensa,
yo me libero así de toda rabia, de toda ira.
Yo me deshago ya de la impotencia y la amargura,

liberando así al universo entero de este dolor.
Yo me libero de la ira, la traición,
la agresión y el dolor.

Así yo soy la divina luz de Dios
actuando siempre en perfección.
Así me sano, me libero, me reencuentro
con la divina calma.
Así me reencuentro con el perfecto amor,
porque yo soy puro amor y dignidad,
porque yo soy sanación que no acepta la ira,
que no acepta la intriga ni el enojo.
Yo me libero ya de todo dolor, de toda traición.
Así ya es, así siempre bien será.

Decretos de amor para combatir
LA NEGATIVIDAD PERSONAL

Combatir la negatividad personal 1

Yo soy el amor divino que me sostiene,
la luz universal que aclara mis ideas,
que sube mi tono vibratorio, que todo transmuta.
Yo soy el imán divino para todas las bendiciones,
el cual repele siempre toda negatividad.
Yo soy, entonces, sólo la luz y la armonía universal.
Así es, así sea.

Combatir la negatividad personal 2

(decreto muy poderoso)

Yo soy la llama violeta
que arde con luz dorada en el astral,
que me limpia y sustenta,
desarraigando y eliminando
de mi ser y de toda mi realidad
cualquier imperfección vibratoria
de sentimiento o pensamiento.
Yo me transformo en pura luz astral,
en ella me apoyo y en ella bien creo.
Porque yo soy quien soy
por derecho divino,
mis benditas posibilidades
de mí nadie las puede alejar.
Soy puro amor universal,
yo me libero de todo mal.
Así es, así sea.

Combatir la negatividad personal 3

Yo soy la extensión universal
de la energía de Dios,
quien me bendice, ampara y ama.
Yo soy un ser profundamente amado
e importante para el equilibrio global.

Me ama el universo mismo
protegiéndome de todo mal,
de toda energía residual.

Yo soy el que yo soy
y mi luz astral
siempre sabrá brillar,
sin traumas, odios, angustias,
intrigas ni malestares.
Nada me afecta ni me perturba
porque yo soy la llama violeta
que todo transmuta.
Soy la paz, el amor
y la divina sanación
en mí siempre será
porque yo soy el que yo soy.
Así sea.

Combatir la negatividad personal 4

Yo viajo en unidad con Dios,
soy la luz astral sustentada
en perfecta armonía universal.
Que nada me perturbe,
traume o angustie.

Yo soy amor, plenitud
y magia universal.

Fluyo bendito y divino, puro y perfecto,
me envuelvo en tu manto violeta
que todo mal repele
y soy el fino sostén de mi más alto ser,
quien vive y vibra en perfecta armonía,
quien sabe amar y perdonar,
quien comparte las gracias
y aleja las miserias.
Yo soy quien soy siempre,
en pura elevación.
Así es, así será.

Decretos para
GENERAR APERTURA EMOCIONAL

Generar apertura emocional 1

Yo soy la llama que fluye,
que me abre cual divina flor.
Yo soy el pétalo bendito que sana mi corazón,
permitiendo que los rayos de la luz espiritual
toquen mi alma con las miradas y las palabras.
Que el amor me toque, que mi amor comparta,
que sea pureza de acciones y de pensamientos.

Yo soy quien se abre al mundo,
al amor universal,
confiando siempre en la pura equidad.

Que reciba sólo el divino amor,
que reciba bendiciones,
que otorgue divino amor que sepa fluir,
que sepa acudir a la noble ayuda
para cada hermano y cada necesidad.
Que yo sea puro, fuerte, sereno y bendito,
que actúe siempre en humildad.

Bríndame, Dios mío, la gracia universal,
ayúdame a comprender
que mi corazón debe estar siempre
bien dispuesto
para lograr nuestra propia evolución.
Así te amo, así me aman,
así nos abrimos al bendito amor universal
en cada mirada, en cada corazón.
Bendita luz, dónanos ya la gracia universal.
Así será.

Generar apertura emocional 2

Yo me brindo al corazón universal,
me abro al amor,
proclamo el mismo amor divino y bendito
que fluye y crece sin lesiones.

Yo soy amor, soy paz,
soy gracia que comparte un abrazo,

un regazo, una sonrisa,
que está allí con elevación
recogiendo afecto,
ayudando a los desamparados.
Yo soy gracia, soy emociones,
soy quien se abre al amor en divinidad.

Así comparto siempre mi corazón
con aquellos que quieran recurrir a él
en busca de sinceridad,
bondad y alegría total.
Así es, así sea.

Generar apertura emocional 3

Cual suave brisa mis penas se alejan
aclarando el divino filamento
que conforma mi corazón.
Yo soy quien se ha sanado ya
de toda herida sentimental.
Que el amor me invada,
que el amor se regale a mí
siempre por propia voluntad,
en divinidad, sinceridad y humildad.

Así te contemplo en cada mirada,
en cada cuerpo, en cada regazo.
Así soy quien sabe amar con respeto,

con nobleza, con bondades y alegrías.
Yo soy amor, soy paz,
soy generosidad que todo sana,
que todo transmuta a quien encuentra amor,
a quien suspira con elevación.
Somos dulces, somos amorosos,
somos paz, somos divinidad.
Soy yo quien promueve que el corazón
actúe con excelsitud, con integridad
y en mis brazos encontrarás siempre
puro amor universal.
Así será.

Generar apertura emocional 4

El amor me sana y me transmuta
transformando mi alma,
liberándola de toda calumnia,
de todo dolor, de cualquier desamor.
Yo soy la gracia y el encanto
que se abren al universo,
brindándose al bienestar espiritual.
Yo confío en mis prójimos,
en sus nobles corazones,
me envuelvo siempre en la luz universal.

Que nada me perturbe, que nadie me ofenda,
que nadie me odie nunca más.

Yo doy amor y recibo siempre puro amor.
Que nadie me dañe, que nadie me agite,
que todo fluya con divinidad.
Así es como me abro al amor,
me abro a mi prójimo,
acepto la proximidad física y espiritual.
Que mi mente se programe
y acepte la dicha con total naturalidad.
Así es como cual imán
atraigo sólo cosas buenas, nobles,
dulces verdades y amores
que me sabrán siempre amar.
Así es y así será.

Decretos para
GENERAR LA CALMA

Generar la calma 1

Yo soy el ser que fluye en perfección,
yo me equilibro y me centro
desde mi yo superior.
Yo soy la perfecta respiración
que me conduce a conectarme
con mi propia calma,
actuando siempre en divinidad,
en equilibrio universal.

Es así que yo soy el que yo soy
en armonía espiritual.
Así es, así sea.

Generar la calma 2

Yo soy la voz de la paz
que se instaura y restaura,
así todo mi ser yo calmo y me relajo.
Yo me brindo al amor universal
sanando así toda ansia y angustia,
sanando así toda imperfección.
Yo soy la flor de loto
que se sustenta en calma y perfección.
Con cada latido mi corazón
reencuentra la armonía universal.

Yo inhalo perfección y exhalo angustia,
soy el divino equilibrio universal
que sustento y reafirmo.
Así es, así es, así sea.

Generar la calma 3

Que todo fluya y se redima
sanando corazones, sanando situaciones,
reconformando la paz universal.

Que nada me perturbe ni me obstruya,
que nada indigne ni de mí abuse,
que nada sea frenado,
que la paz sea instaurada.

Así viaja la calma infinita
resguardando corazones,
resanando situaciones.

Que todo mal transmute,
que todo resulte fortalecido.
Así es por derecho universal,
así sea la calma espiritual.

Decretos para
RETOMAR LA ALEGRÍA

Retomar la alegría 1

Yo soy el amor
que me infunde calma y sinceridad.
Soy el amor que llega a mí
resarciéndome del dolor.
Yo soy las palabras divinas
que logran desarraigar el dolor,
la alegría que sana, bendice, ampara
y compensa del desamor.

Yo soy amor universal,
alegría que retoma el correcto sendero,
olvidando así la indiferencia.

Yo soy la gracia, la dicha,
las bendiciones infinitas
que viajan y se impregnan
en cada molécula de mi ser.

Yo soy quien sabe fluir y perdonar,
quien logra olvidar.
Yo me sano aquí y ahora
apartándome de cualquier apego.

Yo libero a todo ser
que a mí pudiera haber
estado encadenado.

Yo nos redimo, bendigo y purifico,
rompiendo aquí el desamor
y todo residuo de memorias
celulares de ayer.

Que nos bendiga desde ahora
sólo el perfecto fluir universal.

Entonces, desde ahora,
ligero siempre y en absoluta paz
yo he de estar.
Así es, así sea,
así será.

Akari Berganzo

Yo soy la paz
que se difunde en todo mi ser.
Soy alegría que me infunde
amor absoluto.
Soy alegría, felicidad
y justicia universal que
promueve el perdón.

Yo soy piadoso y dulce
con mis semejantes,
incluso aquellos de quienes recibí sólo dolor.
Yo me desconecto de cualquier posible rencor,
soy abundancia, alegría,
 piedad y dulzura.

Yo perdono todo acto e imperfección.
Yo me reconozco en bondades,
sonrisas y perfecta comunicación
donde el dolor no tiene cabida,
donde el desaliento
erradicado está de mi ser.

Yo fluyo en justicia, en humildad,
en infinitas posibilidades
grandes, dulces y perfectas,
en todo mi ser desde ahora y por siempre.
Así sea, amén.

Decretos para
RETOMAR LA ABUNDANCIA EMOCIONAL

Retomar la abundancia emocional 1

Yo soy la gracia y el encanto,
la sonrisa que aflora,
la calma que se instaura.
Yo soy así paz y armonía universal
que me resguardan,
alejando de mí todo dolor e imperfección.

Yo fluyo en armonía,
regalo mi sonrisa sincera y alegre
porque yo soy quien soy en plenitud y paz,
en alegría y expansión universal.

Que el viento me acaricie con su dulzura,
que los árboles me abracen con su energía.

Así yo fluyo y me programo
para que la alegría a mí regrese,
se restaure en cada paso, en cada mirada,
a cada instante,
más plena, más pura, más perfecta,
puesto que por derecho divino
la divina alegría es mi pleno derecho.
Así soy yo la perfecta sonrisa, así sea.

Retomar la abundancia emocional 2

Yo acepto la paz,
yo fluyo en amor y perfección,
desprogramando aquí
cualquier duda y tristeza,
eliminándolas ya
de mi divino ser.

Que nada me agobie,
que nada me afecte,
que nunca me falte
la alegría universal.

Así me programo, así la solicito,
así la renuevo en dicha y encanto.
Así me encuentro, así me sano,
así me regalo una
nueva oportunidad.

Que nada me hiera,
que nada me obstruya,
que nada me bloquee,
puesto que yo soy
por derecho universal
la representación
plena y constante
de la alegría universal.
Así es, así sea,
así será.

Decretos para
TERMINAR CON PATRONES AUTODESTRUCTIVOS

Terminar con patrones autodestructivos 1

Yo soy la inteligencia universal
que me impulsa a actuar en bienestar.
Yo soy la calma y la razón que me rige,
soy la ilusión divina que me programa
alejando de mí toda destrucción.

Yo soy mi yo superior actuando
en divina elevación,
en cada momento, bajo cada decisión.

Yo soy la abundancia
que me ampara
eliminando de mi ser toda imperfección.
Así es. Así sea.

Terminar con patrones autodestructivos 2

Yo soy la energía divina
que me protege de mi yo inferior
bloqueándolo e impidiendo
que me cause más dolor.

Yo soy la divinidad, soy la inteligencia
para actuar sólo bajo el divino bienestar.
Yo soy paz y dulzura.
Así es. Así sea.

Terminar con patrones autodestructivos 3

Yo me acepto en elevación
y termino con todo dolor y errada idea
que sólo actúa en mi perjuicio.

Yo soy liberación, sanación y elevación.
Yo me curo, me reconstituyo,
me elevo aceptando toda mi perfección.

Que nada me lastime ni deteriore,
que sólo me acepte con pura divinidad.
Descubriendo mi belleza, mi importancia,
mi sabiduría y mi humildad
permito que mi yo superior
guíe siempre bien mis pasos
para reconfortarme, reestructurarme y sustentarme.

Así soy yo la perfecta transmutación
que siempre me sabrá curar y restaurar
infundiéndome perdón
y otorgándome sincero amor.
Así es, así sea.

Decretos para
BUSCAR EL EQUILIBRIO

Buscar el equilibrio 1

Yo soy el viento que viaja,
se purifica y se libera.

Yo soy la estrella que brilla
siempre en mi corazón.

Yo soy el agua que fluye en paz
en cada uno de mis pensamientos,
soy las manos que abrazan con la verdad,
el corazón que late con humildad.

Soy puro amor siempre
en divina expansión,
así vibro y existo en perfección.

Yo soy el simple equilibrio
que se sustenta con gracia espiritual,
soy quien bien vibra
en divino equilibrio universal,
puesto que yo soy quien yo soy.
Siempre así será.

Buscar el equilibrio 2

Que todo imán traiga sólo lo bueno,
que todo mal sea siempre alejado,
que nada me turbe.
Así soy la paz y la plenitud
que se expanden y se centran.
Soy la gracia universal que equilibra,
sana y transmuta en pura divinidad.
Así guío mis pasos y mi sendero,
restaurando el equilibrio espiritual.
Yo solicito al universo mismo
que restaure y sane el equilibrio universal
en cada hogar, en cada alma,
en cada instante y en todo momento.
Así es y siempre será.

Decretos para
ENCONTRAR EQUILIBRIO ESPIRITUAL

Encontrar equilibrio espiritual 1

Yo soy la paz que me centra,
la armonía que fluye en mi interior.
Yo me conecto siempre con mi divinidad,
a ella fluyo, en ella me sostengo, a ella escucho.

Yo fluyo en armonía universal,
así me reconecto con la calma,
así me centro, me relajo,
reconociendo que la extensión de la divinidad
existe en mi propio ser.

Así yo fluyo, así me ubico,
puesto que por derecho divino
yo soy la paz universal.
Así soy yo.

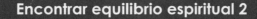

Encontrar equilibrio espiritual 2

Yo fluyo en la frecuencia vibratoria
perfecta y divina
que me conduce a actuar
con divinidad.

Yo me rencuentro en cada
momento conmigo mismo,
permitiéndome mi tiempo,
respetando mi cuerpo,
respetando mis procesos evolutivos
en calma, sin más dolor, sin más rabia.

Yo soy el divino equilibrio universal
que fluye siempre en bienestar.
Así es mi paz espiritual.
Así será.

Encontrar equilibrio espiritual 3

Yo soy el fin de la agonía
y el principio de la calma.
Yo soy la luz dorada de Dios
que bien me ampara.

Soy el centro divino del universo,
así camino siempre tranquilo.

Todo se ajusta, todo se cambia,
pero siempre estoy yo en plena calma.
Así fluyo, me relajo.

Divino ser, contigo me reconecto,
en divinidad, en paz,
en perfecta evolución.
Así yo fluyo, así me centro,
así me calmo.

Que nada me obstruya,
que nada me bloquee
porque soy la divina mente,
la inteligencia universal
que estructura bien mis pasos
y mis pensamientos.

Así yo fluyo en el perfecto equilibrio.
Así será.

Encontrar equilibrio espiritual 4

Yo aclamo al equilibrio universal
que bien sabe fluir.
Yo soy la atracción de mi divinidad
que reflexiona y se autosustenta.

Yo soy el mágico morado
que me envuelve y me protege.

Yo retomo mi divina calma,
soy la misma calma.
Así me centro, así me equilibro,
así me reestructuro
fluyendo siempre
en pura divinidad.
Así sea.

Akari Berganzo

Decretos para
ERRADICAR TRAUMAS FAMILIARES

Erradicar traumas familiares 1

Yo soy la chispa divina que me sana
y me libera de todo dolor.
Yo soy la fuerza que transmuta
y elimina todo trauma.

Yo soy mi pura sanación física,
cósmica y espiritual,
soy amor y divinidad, mi paz
y la comprensión
que finiquita el ayer
alejándolo por siempre de mi ser.
Yo soy magia presencial actuando
en inmediatez,
que todo fluya, sane y se purifique.

Que no exista más dolor en todo mi ser,
que la rabia sea olvidada,
los odios erradicados, la envidia transmutada.

Así, la extensión universal que sana y libera,
esa soy yo, así sea.

Erradicar traumas familiares 2

Yo soy la alegría y el perdón.
Yo me sano y libero de todo dolor.
Yo dejo ir y limpio cualquier ofensa,
soy alegría y plenitud.
Yo fluyo y cimiento el amor y el bienestar,
yo me olvido de todo mal.
Yo soy alegría, soy paz.
Todo trauma es liberado y saneado.
Así es, así sea.

Erradicar traumas familiares 3

Yo me desligo y me sano de todo vínculo físico,
kármico, mental, sentimental, traumático,
astral o celular.
Yo me libero de la persona _____,
liberándonos de cualquier cuenta pendiente
relacionada con mi ser
que hubiese sido aceptada o pactada
en cualquier línea de tiempo.
Yo solicito la divina sanación para ambas almas,
el divino perdón para los errores cometidos
por cada una de ellas. Yo llamo al sincero amor,
la honesta transmutación en pura elevación.
Así es, así sea.

Decretos para
LA SANACIÓN FAMILIAR

Sanación familiar 1

Yo soy la luz universal que transforma
toda ira y dolor.
Yo reconozco en mi núcleo familiar
la extensión de mi divino ser.

Yo fluyo en amor, en bondad,
y así me reconecto
con todo miembro de mi familia,
sin importar si estas almas
están cercanas o lejanas.
La sanación no conoce de barreras
ni reacciones de malestar.

Yo solicito la perfecta renovación
de esta situación _____
(aquí expresar el problema por sanar).

Que todo miembro de la familia sea sanado,
que todos sean perdonados,
que este núcleo familiar no conozca
más iras ni rencillas entre ellos.
Yo les amo, les bendigo,
les programo en divina sanación.

Que todo fluya, que todo sane,
que todo dolor sea eliminado
y sólo quede paz, amor e
infinita bondad.

Que toda bendición se
exprese y sustente
en cada hogar, familia y corazón
que antes fueran disfuncionales.
Así el universo mismo nos sana,
nos ama y nos bendice
en luz universal.

Yo solicito la bendita luz en cada hogar,
en cada nación, en todo corazón,
y en aquellas almas que ya volvieron al astral.
Así es, así sea.

Sanación familiar 2

Yo soy la esperanza que
se forja en sanación,
soy la sanación que se
multiplica en toda situación.

Yo soy la luz que envuelve a esta familia
sanándola en luz y amor.
Así ya es, así bien siempre será.

VINCULAR, ACERCAR Y ACEPTAR UNA NUEVA REALIDAD FAMILIAR

Vincular, acercar y aceptar una nueva realidad familiar 1

Somos unidad, somos evolución,
somos alegría y entusiasmo.
Que nadie nos separe,
que todo fluya en armonía universal.
Somos unidad, somos estabilidad,
comprensión, encanto, paz y alegría.
Que nada nos falte, nos frene ni angustie.

Así somos el acercamiento
que bien nos sustenta.
Así fluimos, así nos sustentamos.
Así sea, bajo la gracia universal así será.

Vincular, acercar y aceptar una nueva realidad familiar 2

El universo mismo bendice ya
nuestra nueva realidad,
que la familia sea siempre integrada,
sustentada, sanada.

Que todo el amor universal
nos acompañe y nos cobije,
que todo sepa bien fluir,
que todo sea siempre solucionado.

Yo te pido, universo mismo,
que nos guíes y nos escuches,
que no permitas se siembren odios ni rencores,
que no cultivemos mentiras ni agravios,
sólo amor y bienestar, ternura y comprensión.
Así es y así será.

Vincular, acercar y aceptar una nueva realidad familiar 3

Yo soy el poder divino que nos vincula en
perfección.
Yo soy la magia que viaja
y se sostiene con infinito amor.
Yo solicito aquí a tu yo superior
que fluya en armonía, en elevación,
con calma y gracia, con sincero encanto,
que nos vincule en amor universal
que no conozca final,
que sólo sepa bien crecer, sostenerse, centrarse,
enfocarse en plenitud, en armonía,
con bondades infinitas.
Así es y así siempre bien será.

Akari Berganzo

Decretos para
ENCONTRAR JUSTICIA

Encontrar justicia 1

Yo soy la justicia que me libera
de la energía residual,
que me despeja y transmuta.
Yo soy gracia y paz,
luz y esperanza universal.
Yo vibro y existo sólo
en el sendero de la justicia cósmica,
que respeto y promuevo,
en la cual me amparo, con la cual viajo
y a la que siempre regreso.
Yo soy bondades infinitas
que se comparten con nobleza
en cada momento.
Yo abrazo y amo con sinceridad,
respeto a todos los seres,
procuro el perfecto bienestar universal.
En mí está la paz,
yo busco y recibo
únicamente la sincera paz.
Así es, así sea.

Encontrar justicia 2

Yo soy la justicia y la relajación.
Yo me expando viajando
en la genuina justicia universal.
Yo me amparo
bajo la gracia y el espíritu cósmico.
Yo miro la justicia
con sinceridad y honestidad.
Yo respeto a todos los seres,
reencontrando en cada semejante
mi más puro reflejo.
Soy gracia, calma, alegría universal,
soy quien todo transmuta en perfección,
quien se resguarda siempre
con la justicia universal.
Así es. Así sea en paz universal 121290 16.

Decretos para
ENCONTRAR LA VERDAD

Encontrar la verdad 1

Yo me guío en justicia divina,
que la verdad sea instaurada,
que surja, que sea sanada.

Que las mentiras perezcan
haciéndose en perfecta justicia.

Yo decreto libertad
que sana las heridas y mata las mentiras.
Que los mentirosos se arrepientan,
que su mal sea neutralizado.

Así yo fluyo, así me sustento,
así me libero de toda mentira propia o ajena.
Que nada me dañe ni me perturbe,
que nada interfiera con el divino fluir universal.

Así perece el mal,
que no tenga más cabida en mi plena felicidad.
Así es, así sea, bajo la ley 12 12 96 86.
Así sea.

Encontrar la verdad 2

Que toda verdad sea siempre bien instaurada
y todo mal quede destruido.
Que las mentiras se descubran sin causar dolor,
que el bienestar se disemine, se sustente,
que bien me sane de todo dolor.

Que no me disturben ni me calumnien,
que no me laceren ni me perjudiquen.

Así se establece y me sustenta la divina verdad,
en ella me sostengo, a ella apelo,
creándola siempre perfecta.
Así es, así sea.

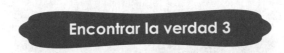

Encontrar la verdad 3

Yo me reconozco en verdad,
en alegría y en justicia.
Yo soy dulzura, soy paz.

Yo promuevo y sustento la verdad,
yo fluyo en verdad y acepto sólo la divina
verdad.

Así me guío, así me calmo,
en ella vivo y en ella me amparo.
Así es, así sea.

Akari Berganzo

Decretos para
GENERAR AUTOPERDÓN

Generar autoperdón 1

Yo soy el decreto actuando
en el perfecto respeto.
Yo respeto toda forma de vida,
ideología y credo.

Yo promuevo el perfecto respeto
en todo momento,
yo reconozco que cada ser es vital
para el equilibrio universal.

Yo genero amor y paz universal
transmutando la injusticia en perfecta justicia
para cada ser y en cada situación,
desde cada ángulo,
comprendiendo así cada línea de tiempo.

Yo transmuto y permito a la vez
que los demás seres
transmuten el dolor y la ira
para que haya perfección universal.
Así es, así es, así sea.

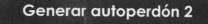

Generar autoperdón 2

Yo soy el perdón universal
que me libera y sanea de todo sentimiento
errado.
Yo soy la libertad que me colma de paz
universal,
soy la luz que surge tras la liberación de mis
errores pasados.
Yo soy la perfecta transmutación que actúa
saneando mi alma, mi mente,
mi espíritu, mi corazón,
mi cuerpo físico, mental, emocional.
Así es, así sea.

Decretos para
GENERAR PERDÓN

Generar perdón 1

Yo me disculpo con todo ser
a quien hubiese lacerado.
Yo solicito el bendito perdón de cada alma
comprendida en toda línea de tiempo.
Yo perdono todo acto hiriente
que se haya dirigido a mi ser.

Yo soy bondadoso, otorgando perdón,
recibiendo el sincero perdón
de aquellos a quienes hice sufrir.

Yo soy armonía, magia y transmutación,
yo reestructuro mis sentimientos,
erradicando todo odio, todo sufrimiento
y regalando sonrisas, amor e ilusión.
Así es, así es, así sea.

Generar perdón 2

Yo invoco al perdón universal
a actuar en perfecta equidad,
equilibrando cada sentimiento,
purificando cualquier ofensa
de todo corazón lacerado.

Yo sano
y ayudo a mis semejantes a transmutar
en perfecta unidad un puro amor universal.
Yo me sano y me libero de todo dolor oculto,
soy la fuerza absoluta que elimina todo dolor,
arrancándolo y convirtiéndolo en sincero amor,
violeta transformación.

Así yo soy.
Así es, así sea ya.

Decretos para
PERDONAR LA TRAICIÓN

Perdonar la traición 1

Yo soy quien bien busca la piedad,
quien trabaja siempre en bondad.
Soy mi propia divinidad.
Yo me olvido de agresiones, odios y bajezas.
Yo soy gloriosa luz
y en ella me amparo y me resguardo.
Yo soy la paz universal,
en ella me centro,
sólo a ella presto atención.

Así te perdono, te libero,
desprendiéndome yo de esta terrible situación.
Que nada me hiera nunca más,
que la circunstancia, su vibración,
el dolor y los recuerdos
se alejen definitivamente de mi divino fluir.
Yo te perdono de todo corazón
sin más dolor, sin más rabia,
reconociendo en ti mi dulce mirada
que deberá ser sanada.
Así me sano en gracia universal,
así te sano,
así siempre será.

Perdonar la traición 2

Yo erradico de mí el dolor,
olvido la traición.
Yo soy gracia,
perdón y encanto.
Yo me relajo
reconociendo en cada situación
la preciosa transmutación.

Así prosigo
y me estabilizo sin más dolor,
sin escuchar las ofensas,
sin recordar los errores
propios o ajenos.
A ellos alejo,
de ellos me olvido,
centrando mi alma en la gracia universal.
Así es y así será.

Perdonar la traición 3

La luz me inunda,
la luz me ampara.
Yo soy alegría, gracia y perdón.
Perdono los errores,
cometidos por mí y por otros.

Yo soy quien me bendice
desde la luz universal.

Que toda traición sea sanada,
Que todo dolor sea perdonado,
que no existan más penas en mi alma,
ni en alma alguna.

Así soy amor, fluyo en amor,
me reconecto con el amor universal.

Yo te amo, hermano mío,
así te perdono y te pido perdón
por cada ofensa que pude hacerte.
Así es, así será.

Decretos para
AYUDAR EN FORMA ESPIRITUAL Y ENERGÉTICA A LOS ENFERMOS

Los decretos para ayudar a los enfermos deben ser repetidos de preferencia por el mismo enfermo cuando sea posible, es decir, cuando esté consciente y sea ésta su voluntad. Si el enfermo está inconsciente, los familiares pueden repetir el decreto por él. De ser así, en la primera repetición hay que sustituir el "Yo soy" por "… (el nombre del enfermo) es" y en la siguiente repetirlo al pie de la letra, es decir incluyendo el "Yo soy" que sustituirá el nombre del paciente; esto es importante ya que el "Yo soy" hace referencia a la energía divina de Dios.

> **Ayudar en forma espiritual y energética a los enfermos 1**

Yo soy la protección que me ampara
de toda intención de dolor o malestar.
Yo soy la luz que me ama y que fluye
reestructurando mi alma.

Yo soy el ser bendito que no conoce de temor,
soy la magia universal
que me envuelve en sabiduría y bondad.
Yo me libero de cualquier dolor
y libero de él a todo ser que se aproxime a mí.

Yo solicito al universo que el dolor físico,
mental, espiritual o emocional
sea perfectamente transmutado.
Así es, así sea.

Ayudar en forma espiritual y energética a los enfermos 2

Que todo mal sea siempre erradicado,
que cada dolor sea perfectamente sanado,
que toda ira sea bien liberada,
que toda lágrima sea reconfortada con amor,
que toda incertidumbre sea transmutada,
que toda angustia sea desaparecida,
que toda injusticia acabe,
que todo malestar termine,
que toda duda encuentre respuesta.

Así curando estoy y decretando
que yo soy la perfecta salud
por voluntad universal.
Así es, así sea.

Ayudar en forma espiritual y energética a los enfermos 3

Yo soy la fuerza que todo transmuta,
soy el sincero bienestar universal.
Yo reafirmo la divina salud en todo mi ser,
yo soy bendita evolución
y una dulce sanación.

Yo me brindo a la salud y recibo salud,
yo comparto mi salud regalando amor,
bendiciones y esperanza por doquier.
Yo soy la mano de Saint Germain
que me resguarda
alejando de mi ser y de mi realidad
cualquier imperfección.
Así es, así sea.

Decretos para
DORMIR

Dormir 1

Los ángeles me aguardan y mecen
en su fiel regazo.
Duermo ya sin tinieblas ni angustias,

sin dolores ni iras, relajado estoy en totalidad.
Así mi sueño se instaura pleno,
divino y sereno en todo mi ser.
Así mis noches, así mi calma, así mis respuestas
desde la gracia universal en plenitud
siempre vendrán.
Que nada me obstruya ni me disturbe,
en perfecta armonía el sueño siempre vendrá
en cada noche, con cada estrella,
en dulce sueño mi alma siempre estará.
Así es, así sea.

Dormir 2

Entre estrellas y nubes, soles y calma,
allí me encuentro en plenitud.
Sin más dolores, odios ni agravios,
así me duermo siempre con naturalidad.
Que nada me falte, que nada me altere,
que todo mejore, que todo fluya
siempre desde la armonía universal.
Así me duermo, así despierto
con fiel confianza en la verdad.
Que todo pase, que todo sane,
que todo cambie en bienestar.
Así me duermo, sueño y despierto
con total naturalidad.
Así es, así será.

Decretos para
PROTEGER LA SALUD

Proteger la salud 1

Yo soy la salud multiplicándose y cimentándose
en cada molécula de mi cuerpo.
Yo decreto que no hay sitio alguno en todo mi ser
donde la enfermedad pueda multiplicarse.
Yo soy la perfecta salud
puesto que es éste mi fiel deseo.
Yo soy la luz universal
que me sana y me ampara,
me bendice y me libera de todo mal.
Así es, así sea.

Proteger la salud 2

Mi salud y yo estamos bajo resguardo
y amparo del amor universal,
que Dios me proteja de todo mal
alejándolo de mi realidad física, mental,
emocional y espiritual.
Yo soy la salud reestructurada, regenerada,
que bien ha sanado de toda enfermedad.
Así es, así es, así sea.

Puesto que el Arcángel Miguel
me protege con su espada
del malestar y el dolor,
de la enfermedad y el malestar,
bajo el amparo universal,
bajo el amor y protección
de los maestros ascendidos,
mi perfecta salud bien resguardada está.
Así es y así sea.

Proteger la salud 3

Yo soy la fuerza divina
que combate y erradica todo mal y enfermedad,
sanando mi cuerpo físico y áurico,
mi cuerpo mental y espiritual.
Yo soy la luz y la divinidad,
soy armonía y sanación,
soy la magia universal que transmuta,
sana, libera y reestructura cada átomo de mi ser.
Yo soy la luz de Dios que me calma
y me ampara,
que bien me sana a cada instante.
Así es, así es, así sea.

Decretos para
SANAR LAS RELACIONES DE PAREJA

Sanar las relaciones de pareja 1

Yo soy la sanación universal
que bien te ama, que bien se ama.
Yo me reconecto desde ahora
con tu propia divinidad,
permitiéndote conectarte con mi divinidad.

Que el amor sea bien instaurado,
que el amor nos sane y nos una cada día más.
Así fluimos en perfección,
en perdón y elevación.

Que todo cambio sea positivo,
que nos ayude a evolucionar.
Así te amo, así te sano,
así te quiero en total plenitud.

Solicito al universo mismo
que sane, transforme
y expanda nuestra relación.
Que podamos olvidar los errores cometidos,
para siempre en gracia poder evolucionar.

Que el universo bendiga nuestra relación
y bendiga nuestras almas.
Que las dote de inteligencia divina
para saber siempre cómo actuar,
sin dolor, sin odios,
sin mentiras ni traiciones,
sólo fluyendo en bendita divinidad.
Así es y así siempre será.

Sanar las relaciones de pareja 2

Yo me entrego al amor universal,
te entrego al amor universal,
en calma, elevación y perfección.

Así fluimos tú y yo siempre
desde nuestra propia divinidad.
En ella estamos sustentados,
en ella nos centramos,
por ella evolucionamos y sanamos.
Así mismo se sana la relación,
somos la divina sanación
aplicada en cada partícula de nuestro ser,
desde todo ángulo, desde todo contexto.

Así sanamos, así nos amamos
con plenitud, con gracia,
con encanto en pura divinidad.

Así somos un mismo ser
que fluye y se ajusta en dos mantos,
unidos con gracia, con sincero amor.
Que bien se respetan, se complementan
y se brindan libertad de movimiento.

Que no nos falte confianza,
amor ni adaptación.
Así somos amor universal,
así siempre será por tu bendito amor,
por mi bendito amor.
Que encontremos plenitud, elevación,
restaurando siempre nuestro amor.
Así será.

Decretos para
SANAR LOS ABUSOS

Sanar los abusos 1

Yo me perdono por el mal que te causé,
y te perdono ahora
por equilibrar esta situación
mediante la falta que cometes y que me afecta.

Yo me libero del odio y del dolor,
y te libero del odio y del dolor.

Yo te bendigo y te sano
perdonándote por los hechos cometidos.

Yo me libero y me perdono
por lo que antes cometiera.
Yo perdono y transmuto esta circunstancia
en un sincero y profundo amor
que a todos nos sane siempre en perfección.
Así es, así sea.

Sanar los abusos 2

Yo soy la paz que me sana
y resarce del dolor.
Yo perdono tus abusos y comprendo
que son el reflejo exacto
de mis acciones pasadas.
Yo me disculpo
por el agravio cometido a tu ser
en otro tiempo, en otro espacio.

Yo solicito que la justicia
divina sane y transmute
todo dolor que forme parte
de esta experiencia,
limpiándolo y convirtiéndolo
en puro amor.
Así es, así sea.

Decretos para
SUPERAR LA MUERTE DE UN SER AMADO

Superar la muerte de un ser amado 1

Que el amor fluya, se sustente
y traspase todo plano.
Así te amo, te libero,
me libero sin olvidar el amor
que tanto nos reconforta.
Así nos amamos, así fluimos,
así transmutamos en cada minuto,
en cada instante.
Que bien guiados sean tus nuevos pasos
con gracia universal.
Que el universo bien ampare tu sendero,
que bien sane mis heridas.
Que todo fluya, que todo sane
y nada nos falte.
Así es, así será.

Superar la muerte de un ser amado 2

El universo se desplaza siempre en perfección
bajo el encanto divino

que nos redime y reconforta.
Que nada duela, que bien te ampare,
que bien te guíe siempre en divinidad.
Que nada le falte a tu dulce alma,
que nada me duela ni destruya nunca más.

Así fluimos, así crecemos y nos reestructuramos.
así somos puro amor universal.

Yo bendigo tu nuevo sendero.
Que tu alma sea libre pura y serena,
que en la mía reinen la resignación y bondad
en sanación, sin más dolor.
Así es, así será.

Decretos para
SUPERAR PÉRDIDAS

Superar pérdidas 1

Yo me libero de todo dolor,
yo me desprendo de cualquier desamor.
Que todo fluya en armonía, gracia y encanto,
que todo mal sea siempre bien sanado
y todo dolor profundamente olvidado.
Que toda lágrima desaparezca
y toda calma sea siempre instaurada.

Así te amo, así me amo,
así sanamos bajo la magia universal.
Nos resignamos sin más dolor,
sin más llanto, sin sobresalto.

Que el viento cambie y nos sonría,
que la vida fluya sin agonía,
sin más dolor, sin más angustia,
cambiando todo en armonía.
Así es y así será.
Proclamado está por derecho universal.
Así sea.

Superar pérdidas 2

Que todo amor te encuentre siempre,
que cada mano te sea amiga,
que cada mirada te colme de dulzura.
Así te amo, te bendigo, te libero,
así me calmo, sin más dolor,
sin más llanto ni traumas errados.
Así me libero.
Cual fresca flor guiaré mis pasos
hacia el calor del suave sol.

Así te amo, así te libero,
así te permito evolucionar en gracia y encanto,
con sincera paz bendigo ahora tu nuevo sendero.

Que nada te hiera, que nada te perturbe,
que sólo conozcas el delicado sol
iluminando tus pasos, tu energía y tu alma,
instaurando la calma siempre en mi alma.
Que nada te perturbe ni inquiete,
que siempre encuentres amor universal.
Así te amo, así te suelto,
así me suelto sin más dolor,
así comprendo que soy materia,
que soy mi alma y que libre está,
sanada ya de todo dolor.
Así es mi propio derecho, mi divina voluntad,
donde nada me perturba
porque libre estoy de cualquier dolor.
Así es, así sea.

Superar pérdidas 3

Yo bendigo la situación por sí misma,
el tiempo compartido,
las enseñanzas regaladas,
los sentimientos bendecidos.
Yo bendigo los instantes alegres, las lágrimas
pasadas,
las dudas generadas.
Yo bendigo mi propia alma,
reconociendo en ella al sabio maestro
que bien me ama, que sólo me ampara.

Yo libero todo vínculo, toda lágrima,
todo dolor que no tienen más cabida
en mi dulce ser.
Así te amo y te libero,
solicitando al universo
que siempre bien te ampare,
te rescate y te sostenga en tu nuevo sendero.
Así te quiero en plenitud,
en bondades infinitas
que siempre nos amparan,
sin importar distancias,
sin obstrucciones de planos.
sin más dolor, dudas ni angustias.
Yo bien te amo con fortaleza divina,
yo me sostengo, me amparo,
me sano de todo dolor.
Así te quiero, así me quiero,
así fluimos en sincero perdón,
en plena transmutación.
Así es, así sea.

Superar pérdidas 4

Yo soy la flor que todo dolor transmuta,
el agua que toda herida sana,
las palabras que reconfortan.
Yo soy la total comprensión de los cambios,
aceptando los finales

y mirando el mañana con esperanza.
Yo fluyo con alegría, dulzura y confianza,
solicitando al universo que bien te resguarde
con amor y bondades que no conozcan final.
Que tu alma amparada siempre
en perfección esté.

Así te amo, así te permito bien partir,
en alegría, en calma, dulzura e ilusión.
Que nada te duela,
que todo mal se aleje de tu alma,
y se aleje de mi alma.
Que los corazones sanen
y la evolución se acepte,
restaurando en nuestras almas la divina gracia
que proclama la evolución que todo lo sana.
Así te suelto, así te libero,
así me suelto, así me libero.
Bendecidos somos, resguardados estamos
para proseguir desde ahora
por un nuevo sendero.
Que nada nos angustie, que nada nos perturbe.
Así te amo, así me amo,
aquí te suelto, aquí me sueltas
en perfecta calma.
Así sea.

Nota: Los decretos para desvincular tienen la
finalidad de romper con situaciones o relaciones

imperfectas; se trabaja con ellos para liberar la energía que se encuentra estática y que no ha permitido fluir con naturalidad. Para que pueda hacerlo con mejor sintonía, se aconseja donar o vender todos los objetos que ya no se usen debidamente en sus hogares.

Sugiero que cada mes trabajes internamente en limpiar tu corazón y tu alma tanto como tus agendas telefónicas y tu círculo de amistades. Todo es un proceso evolutivo, en el que el ser no estará eternamente aferrado a una situación, una persona o un objeto. Todo conforma la energía pura, la cual debe siempre bien fluir para no generar problemas y bloqueos energéticos posteriores.

Decretos para
ENCONTRAR EMPLEO

Encontrar empleo 1

Yo soy valioso y vital,
exitoso y triunfante.
El universo me acepta y me valora.
Yo soy el perfecto promotor de mis talentos,
soy un imán para el éxito
y renazco junto con mis finanzas.
Yo soy buscado y altamente competente,
yo recurro al universo mismo,
a dotarme del perfecto trabajo
donde seré bien valorado.

Yo recibo mi primer sueldo
con el perfecto equilibrio universal,
actuando en justicia, equidad,
gran responsabilidad y sincera humildad.
Yo respeto y agradezco al cosmos
por esta nueva oportunidad.
Yo comparto aquí la alegría y la ética,
comparto y distribuyo con humildad
la abundancia que a mí llega.

Yo festejo con alegría
el final definitivo de toda escasez,
de todo problema económico de antaño.
Yo soy el bendito fluir que desde ahora
sólo sabe bien crecer.
Así es, así sea.

Encontrar empleo 2

Yo reconozco en mí
la divina extensión de Dios
que sólo sabe fluir,
atrayendo dicha y prosperidad
a mi realidad.
Yo soy el perfecto empleo bien remunerado,
soy la justicia que me ampara y me resguarda,
atrayendo a mí sólo el empleo adecuado,
aquel que por amor y justicia divina
me pertenecen.

Yo soy la paz y la alegría,
la gloriosa respuesta afirmativa
que me conduce a reencontrarme
bajo nuevos y más plenos horizontes.
Yo soy el retorno bien auspiciado
de la abundancia,
soy quien desposa desde ahora
a la bien amada Abundia.

¡Oh, Abundia mía, trae contigo
favores y belleza,
grandes riquezas, dicha y sosiego,
abundancia infinita
que se compartirá
entre todos tus hermanos,
tus hijos y el rebaño!

Así sea ya, mi bendita Abundia,
que a mis pies
con gran auge la abundancia
desde ahora ha de estar.
Así es, así es, así sea.

Encontrar empleo 3

Yo solicito el sincero amor,
perdón y piedad
por cada acto de soberbia
que pude haber cometido
antes de aprender.

Yo amo, perdono y modifico
todo acto de injusticia,
de soberbia y falta de ética
que mis semejantes pudieron haber
cometido hacia mí,
incluyendo cualquier línea de tiempo.

Yo soy el amor y el perdón,
soy el bien fluir universal
que transforma toda ofensa,
injusticia, conflicto o desgracia.

Yo perdono y solicito también
un sincero perdón universal.

Prometo efectuar con el más alto bien
el mejor homenaje perpetuo
a esta nueva oportunidad laboral,
económica, armónica,
plena de justicia
que el universo me asigna,
resguardándome de cualquier mal
y evitando todo daño o calumnia.

Yo trabajo en armonía
con mis semejantes,
yo actúo por el más alto bien
de todo ser, de toda empresa
y de mis propias finanzas.

Yo respeto el bien fluir común,
aceptando y fomentando siempre
el sincero amor universal
que consigo sólo grandes glorias
a mí siempre traerá.
Así es, así sea,
así será.

Decretos para
INICIAR NUEVOS PROYECTOS
O NEGOCIOS

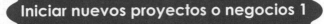

Iniciar nuevos proyectos o negocios 1

Yo soy el inicio universal
donde todo fluye siempre en abundancia,
en elevación y perfección.
Ese es mi derecho divino,
al cual apelo y sustento,
atrayendo siempre la riqueza universal.
Así es y así sea.

Iniciar nuevos proyectos o negocios 2

Yo vibro siempre en abundancia
que sólo sabe multiplicar.
Yo me sustento en respeto,
en tolerancia y riqueza
que sólo sabe compartir con humildad,
honestidad y bondad.

Así yo fluyo, así yo evoluciono,
así me entrego al bienestar universal.
Que mis proyectos sean claros y prósperos,
que me lleven a compartir

la total prosperidad.
Que mis ingresos crezcan,
que mis egresos disminuyan,
que en el manejo de mis finanzas
sepa bien distribuir.

Así es mi derecho,
así son mis bienes compartidos.
Que todo problema puedan solucionar,
que todo corazón logren tocar
sanando situaciones,
sanando las finanzas.
Así siempre será.

Decretos para
MEJORAR EN EL ÁMBITO LABORAL

Mejorar en el ámbito laboral 1

Yo transmuto, decreto,
reafirmo paz laboral.
Que toda intriga sea disuelta,
que todo mal neutralizado quede,
que toda injusticia sea transformada
en divina justicia.
Así camino, así confirmo,
así convierto la inquietud en paz espiritual.

Que nada me frene,
que nada obstruya
mi divino sendero laboral.
Así camino, así me calmo,
así regalo bienestar universal.
Que nada falte, que nada disturbe,
que nada efectúe ningún mal amparado.

Que el ángel de la verdad guíe mis pasos,
que Abundia sane mi economía
y San Miguel me proteja siempre.

Que la espada universal combata el mal,
derrotándolo en palabras,
hechos, pensamientos e intenciones.

Así sea resguardada la paz universal
por el más alto bien y divina perfección
de todos los involucrados.
Sea siempre así, así será.

Mejorar en el ámbito laboral 2

Que nada muestre imperfección alguna,
que nada actúe con maldad,
que todo sane y apele a la justicia universal.
Así la calma, la equidad y el equilibrio
están a mi alrededor, en mi trabajo,

en mis ideas, en cada momento,
en mis compañeros, en cada alma.

Que nadie dañe, que nadie robe,
que nadie actúe llevado por la maldad.
Transmutando dolores, sanando corazones,
con equilibrio y energía laboral,
que todo sane, que todo evolucione
siempre en perfección.
Así es, así sea.

Decretos para
OLVIDAR EL RENCOR
EN SITUACIONES LABORALES

Olvidar el rencor en situaciones laborales 1

Yo sólo pienso en amor, en perdón.
Soy un ser libre y pleno que no desea
rencores, ofensas ni traiciones.
Yo rompo en este instante
cualquier memoria celular
asociada a la empresa _____,
y dejo ir la energía residual.

Solicito siempre al amado universo
que todo limpie y transmute

para poder eliminar vestigios imperfectos
que me frenen o bloqueen.

Gracias a la empresa _____,
bendita seas.
Que no me obstruyas nunca más
y me deshaga del vínculo astral con ella.
Así sea ya.

Olvidar el rencor en situaciones laborales 2

Yo soy la llama que transforma
cualquier imperfección.
Yo solicito a la empresa _____
que me desligue de su esencia.

Yo la bendigo y la libero
sanando las imperfecciones existentes
y asociadas a toda línea de tiempo.

Agradezco al cosmos
el positivo aprendizaje
que la misma me dejó.

Yo me bendigo, me aparto,
me desasocio de toda energía
que ésta bloqueó,
liberándola y transmutándola en perfección.

Yo entrego a la llama violeta
y a la frecuencia 1116
cualquier energía residual.

Solicito a Saint Germain
que la deje ir y la modifique,
que elimine así los bloqueos,
el odio, la rabia, el dolor,
las calumnias, las malas referencias,
la irresponsabilidad
y la injusticia relacionada con el poder.

Que transmute y colme al mundo
de infinito amor
que sana y restaura.
Que todo sea purificado,
perdonado y olvidado,
permitiendo a partir de este instante
que cada ser sea aislado
de esta penosa situación.
Ven ya en mi divina liberación.
Así sea.

PARTE 2
DECRETOS PARA NIÑOS

Palabras de SAINT GERMAIN

Dedico la parte 2 de este libro a los más pequeños, a aquellas almas en las que todo comienza; son ellos la raíz que pura ha de crecer para facilitar el divino fluir universal. Por ello, es necesario resguardarlos en inocencia y propiciar su desarrollo en un ambiente respetuoso, amoroso, afectuoso, culto y elevado. Un ambiente libre de vicios, odios familiares y malas palabras, lejano a la desdicha, al sufrimiento y a las calumnias.

Nunca se venguen, hermanos míos, de ningún ser, pero mucho menos laceren a un infante, ya que los dolores cimentados en ellos, derivan irremediablemente en angustias y traumas de índole espiritual, falta de seguridad personal y falta de armonía espiritual al llegar a la edad adulta.

Solicito, entonces, que presten atención a los niños, evitando que sean mañana el reflejo negativo oculto en el rostro de un adulto herido, cuyo dolor se generó y arraigó desde una temprana edad.

BULLYING, MIEDO Y PREVENCIÓN DE ADICCIONES

Las duras problemáticas que afronta la sociedad, como la desmedida ambición, falta de ética y

Akari Berganzo

desintegración infantil, pueden desencadenar el acoso escolar o *bullying* y provocar que niños y adolescentes vivan temerosos o caigan en el oscuro mundo de la drogadicción y otros vicios destructivos.

Los padres que quieran ayudar a sus hijos a superar o, mejor aun, a prevenir que lleguen a esta situación, deberán cuidarlos en todo momento.

A continuación veremos algunos de los puntos y medidas preventivas más importantes para lograrlo:

- Respeto total en el hogar
- Atención a las amistades y a los objetos que sus hijos guardan (esto no quiere decir que invadan su intimidad, pero sí deberán estar alertas si su hijo cambia en forma repentina y drástica sus actitudes, su vocabulario y sus amistades, si llega a casa con los ojos irritados o con mucho dinero o si su habitación presenta un mal olor penetrante y constante)
- Comunicación constante entre padres e hijos
- Amor y respeto constante a sus hijos
- Disciplina con objetividad
- Inducirles a practicar deportes, siempre con supervisión de los padres
- Programar actividades recreativas familiares cada semana

- Acostumbrarles a pasar sus vacaciones y días festivos en el núcleo familiar
- No permitir que vayan a dormir a casa de sus amigos, ya que corren el riesgo de afrontar peligros en manos de extraños o personas conocidas
- Conocer a sus amigos y a las familias de éstos; investigar sus antecedentes familiares y personales
- Averiguar previamente la calidad moral de la escuela y del personal académico con quien su hijo se relacionará (tristemente en muchas escuelas, incluso universidades, los alumnos son inducidos a mantener prácticas sexuales con profesores, directivos u otro personal del plantel, quienes no se respetan a sí mismos ni a los chicos; antes de inscribir a sus hijos en la institución, pueden realizar una investigación a profundidad, incluso mediante un profesional, sobre su personal y sobre el historial de la institución, como posibles accidentes o escándalos (recuerden, ninguna prevención está de más. Tal vez consideren que estas medidas son alarmantes y severas, pero la integridad emocional, sexual y educativa de su hijo está en riesgo si se le inscribe en un plantel educativo donde se abusa de este modo de los pequeños, adolescentes o incluso adultos jóvenes)

Si bien los riesgos se esconden en cualquier ambiente, es fundamental que les permitan a sus hijos llevar una vida digna, amorosa, respetuosa, saludable y equilibrada. Si ustedes como padres les acosan sólo lograrán alejarlos y perder su confianza.

DISCAPACIDAD

Para los niños autistas recomiendo terapias de apoyo con medicina cuántica, la cual les ayudará a mejorar y a vivir menos aislados de lo que suelen estar sin ella debido a su condición. Un chico autista jamás vivirá en la misma realidad que los chicos que no presentan este problema y, si bien el autismo no se cura, es posible brindarle una vida digna y un entorno amoroso.

Sin embargo, al trabajar los padres o seres más cercanos al niño cada día con los decretos aquí incluidos, conseguirán mejorías notables, las cuales será importante acompañar de terapia infantil, de música clásica –en especial de instrumentos de cuerda– y equinoterapia o delfínoterapia.

En todos los casos, recuerden que no hay mejor tratamiento ante cualquier enfermedad o proble-ma que el sincero amor expresado y sustentado con frecuencia.

Para los chicos con problemas de autismo, además de las terapias con especialistas, el amor y apoyo en su núcleo familiar, es esencial trabajar los decretos aquí presentados, siempre acompañados de la técnica del hoponopono para lograr una mejoría; esta técnica hawaiana, que ofrece buenos resultados, consiste en repetir infinitamente las siguientes palabras:

Lo siento, perdóname, gracias, te amo

Por su parte, los niños con otras discapacidades requieren atención profunda, un inquebrantable espíritu solidario de sus padres, hermanos o tutores y una tolerancia especial tanto dentro de su núcleo familiar como de la sociedad.

En el universo todo es perfecto y si en su familia hay un niño con alguna discapacidad, no consideren que Dios les odia, mucho menos que el chico es un estorbo. Tampoco piensen que a la muerte de sus padres deberán los hermanos ser los padres de la persona con discapacidad; bajo estas ideas y pensamientos errados nada saldrá bien.

Es importante entender que estos niños son perfectos como son, ya que su cuerpo cumple una función específica; es decir, ellos están sanando con valentía una situación kármica asociada con existencias anteriores.

En el universo no existen errores y, por tanto, el tener a este niño en el núcleo familiar, bien sea como hijo o como hermano, no lo es. Si está allí es sencillamente porque era perfecto que así fuera, porque ustedes aceptaron y pactaron antes de su nacimiento sanar el mismo karma que compartían con él en un porcentaje menor.

El hecho de tener capacidades físicas o cerebrales diferentes, una fisonomía diferente y una temperatura corporal diferente de lo que el ser humano denomina normalidad, no les exime de ser amados, respetados y tener una misión en la vida.

No generen odios ni imperfección dentro de una situación que fue planeada en perfección desde antes del nacimiento de este ser. La imperfección surge cuando sus padres o hermanos lo rechazan, o bien cuando los padres, en su desesperación por protegerlo, consideran que es obligación de los hermanos sacrificar sus sueños, su vida y su carrera por dedicarse a cuidarlo. Sus hermanos son justamente eso, sus hermanos, no su padre o madre, por lo que deberán dejarles crecer, desarrollarse y volar libremente; de lo contrario, al querer imponerles un papel que no les corresponde sólo los colmarán de resentimientos, odios, enojo, tristeza y amargura. Por supuesto, hay que enseñarles a amar, respetar y apoyar a su hermano, pero no exigirle que adopte un papel que no les corresponde. El niño con discapacidad compartirá sus procesos de crecimiento con sus hermanos y aprenderá con el ejemplo de modo natural.

Una medida para proteger a su niño con discapacidad es abrirle un fideicomiso para que tenga cubiertas sus necesidades; además, al crecer y en función de sus habilidades, es importante enseñarle un oficio para que en el futuro pueda trabajar y mantenerse, hasta donde sea posible.

Cuando llegue el momento de la partida de ustedes al mundo astral, elijan la mejor opción para este niño especial. Si puede bastarse a sí mismo, permítanle llevar su vida con relativa normalidad bajo la tutela de su hermano. Busquen cubrir sus necesidades básicas definitivamente, para que pueda vivir de manera independiente, aunque en el mismo edificio donde viva su hermano, quien podrá estar al pendiente de sus necesidades sin renunciar a su vida.

Si por desgracia el niño no se basta a sí mismo ni en el nivel más elemental, consideren buscarle una institución especializada donde pueda vivir y ser atendido según sus necesidades específicas. Busquen la mejor opción para que su hermano pueda visitarle regularmente y estar al pendiente de él. Esto sucederá de modo más fácil si no intentaron sacrificar el bienestar y el desarrollo natural de uno de sus hijos por el de otro; esto significaría una fractura y tras la muerte de sus padres los hermanos sólo querrán liberarse del yugo sufrido durante su infancia y adolescencia. Querrán olvidarse de su hermano, nunca estarán verdaderamente al pendiente pues pues en forma inconsciente le habrán considerado un lastre. Esto únicamente se exacerbaría si ustedes en algún momento los martirizan por estar sanos, lo cual los dañaría y desintegraría como familia.

Recuerden, la mejor manera de atender a su chico con discapacidad es amarlo, ayudarlo a ser independiente y crear vínculos de amor entre él, sus hermanos y otros familiares.

Más adelante les presento los decretos para estos niños y les ofrezco una disculpa si mis palabras han causado daño o si las han considerado intromisiones. Les deseo paz, amor, bienestar y fortaleza, que estos sentimientos siempre les unan, les sanen y les ayuden a afrontar su sendero evolutivo.

Los decretos para estos niños están divididos en dos partes: los más cortos para que el niño con discapacidad pueda decirlos directamente y trabaje con ellos, y, para los casos más severos en los que sea imposible que ellos los repitan, los que sus padres repetirán por ellos.

Divorcio

Por lo general, los padres se consideran los más afectados por el divorcio, ya que, al estar más conscientes de lo que ello implica, se centran en sanar sus propias heridas, intentar resolver sus cuestionamientos al respecto y lidiar con la situación. En pocas ocasiones tienen la sabiduría y la fortaleza de procurar con bondad una mejora para sus hijos. Esto no se debe a falta de amor hacia ellos, sino a la incapacidad emocional de afrontar aún más el problema y responder a preguntas de los hijos para las cuales muchas veces no tienen respuestas.

Si tú te encuentras en estas circunstancias, es sumamente importante que aceptes que los más afectados son tus hijos porque, al fin y al cabo, tú perdiste a una pareja que siempre fue externa a ti, es decir, que no forma parte de ti mismo, en tanto que para ellos esta pérdida es más profunda pues implica a la mitad de su propio ser. En efecto, cuando un ser humano se gesta en el vientre materno posee dentro de sí una buena parte energética de su padre tanto como de su madre; falsamente se considera que un niño sólo requiere de su madre para ser pleno. En realidad, para ser pleno un niño necesita crecer en un ambiente sano y respetuoso en el que tanto su madre como su padre estén presentes y le ayuden a crecer y a entender quién es y cuál es su relación con el mundo.

Si un ser humano sólo necesitara tener un padre o una madre, todos los seres humanos, hombres y mujeres, serían capaces de concebir un hijo por sí mismos en el momento que desearan hacerlo, sin ayuda de otro ser. Esto sin entrar en situaciones específicas en las que los padres o las madres hacen lo mejor que pueden con lo que tienen y sean cuales sean sus preferencias sexuales.

El entorno idóneo para que un ser humano se desarrolle es siempre un hogar con un padre y una madre que se amen, se respeten, se complementen y se comuniquen. Así brindarán a sus hijos el marco más adecuado para encontrar en su hogar la fortaleza que necesitará para crecer, comprender al mundo exterior y luchar en él por salir adelante cobijado por el marco más perfecto posible.

Tras un divorcio un menor pierde no sólo a su padre o madre, sino su mundo, que es el único que conoce. Pierde su fortaleza, su comprensión de la seguridad, la comunicación con su ejemplo de vida, sea éste su padre o su madre. Un chico no comprende que su padre o su madre no le ha abandonado y que sencillamente sus padres no podían estar más tiempo juntos; no, para él, el divorcio es un sinónimo inmediato de falta de amor y de abandono, del cual internamente se considera culpable.

Ningún niño debería crecer sin ambos padres junto a él, amándole, apoyándole y ayudándole a crecer, aunque tampoco debería padecer el infierno que puede ser el desarrollarse en un entorno disfuncional y lacerante donde no haya amor, respeto, responsabilidad ni comunicación entre sus padres.

Cualquiera que sea el motivo del divorcio y respetando siempre la voluntad y las necesidades de los padres que han decidido poner punto final a su relación, les exhorto a no abandonar a sus hijos en sus necesidades espirituales y emocionales.

Explíquenles la situación y traten ambos de mantener una relación respetuosa en todo momento, sobre todo delante de ellos. Procuren compartir cada uno el mismo tiempo con ellos y respondan con honestidad, paciencia y amor a sus interrogantes porque sólo así los ayudarán a sobreponerse de la mejor manera posible a la dolorosa pérdida que él afronta. Además, es conveniente que organicen terapias deportivas para que puedan lidiar con el dolor y el estrés que sufren.

Les entrego decretos específicos para ayudar a cada menor a superar el divorcio. Es aconsejable que se los repitan cuando ya esté dormido; de este modo llegarán a su subconsciente y desde allí le sanarán.

Repitan los decretos cada noche durante los primeros seis meses posteriores al divorcio, tres veces por semana durante los tres meses siguientes y dos veces por semana durante los siguientes tres meses. Interrumpan cuando consideren que el menor se ha recuperado.

INCONTINENCIA INFANTIL

Los decretos para la incontinencia infantil combaten los traumas que pueden quedar en el infante debido a este trastorno y al enfoque equivocado que pueden darle los padres. Sin embargo, siempre será necesario seguir un tratamiento médico para ayudar al pequeño a superar con éxito este difícil problema que lo oprime y lastima.

El amor a los hijos siempre habrá de ser sinónimo de apoyo, pero no de mala crianza. Es esencial que un hijo crezca rodeado de amor y protección y no de dolor, discriminación o agresión.

Padres y madres de familia, no confundan esta problemática con falta de higiene o de valía de su hijo, a quien jamás deberán recriminar por un bochornoso accidente y problema que padece. Por el contrario, apóyenlo y guíenlo en perfección mediante el amor y acudiendo a un especialista que ayude al niño a superar el problema.

Muchos casos de micción en la cama se relacionan con el miedo, por lo que es fundamental que el infante acuda a una terapia psicológica para determinar cuál es el origen del miedo causante del problema. Por eso también presentamos en esta parte del libro decretos para combatir el miedo infantil, los cuales, junto con los específicos para la incontinencia, serán de gran ayuda para resolver la problemática.

CÓMO TRABAJAR CON LOS DECRETOS

Es importante que cuando los niños sean muy pequeños, o bien no acepten razones, los padres o seres más próximos a ellos en los aspectos espiritual y emocional sean quienes les ayuden diciendo el decreto en su nombre. Cabe recordar que sólo se otorgará el permiso universal para sanar esa situación exacta; no consideren que tienen derecho a minar o limitar el desarrollo mental, emocional o de carácter de un menor al creerse sus dueños por haberle dado la vida.

Así les dejo con infinito amor y respeto estos decretos para que trabajen con ellos buscando reconstituir la plenitud de cada niño o niña.

Decretos para
ALEJAR A LOS NIÑOS DE LAS ADICCIONES

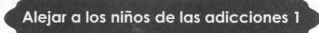

Alejar a los niños de las adicciones 1

Siendo así la divina sabiduría
que no cae en adicciones injustificadas,
que todo fluya, que todo sea perfecto,
que nadie tropiece con la destrucción
prolongada.
Así se fluye, así se sustenta
sin adicciones ni destrucciones.
Que mi cuerpo sea puro y sano,
mi existencia serena y sin adicciones.

Que nada me dañe, perturbe ni lastime,
así mi ser está libre de adicciones,
problemas y errores
que sólo laceran.

Yo soy la sabiduría pura y digna
que bien me guía, que bien me ilumina,
alejando de mi ser toda adicción.
Así soy yo la divina sabiduría
puesta siempre en acción.

Alejar a los niños de las adicciones 2

Que nada lacere, que nada encadene,
que nada destruya mi alta voluntad.
Así soy la divina inteligencia
que bien sabe fluir, comprender y estabilizar.
Que nada me hiera, que nada me obstruya.

Solicito a ti, manto divino,
que me ampares y me alejes de todo mal,
en cada instante, a cada mirada,
a cada palabra.

Cual escudo de la bondad,
que bien me protejas
y me alejes de todo mal.
Así es, así será.

Alejar a los niños de las adicciones 3

Luz universal, acerca a este niño
a tu pura elevación.
Que no caiga en las drogas
ni en ninguna adicción,
que su sendero sea puro, cristalino,
libre y sereno,
que su paz siempre pueda bien crecer.

Que nadie le dañe,
que él no se dañe ni en cuerpo ni espíritu,
pensamientos ni acciones.
Que bien cante con alegría,
que su inteligencia divina
le guíe siempre con sabiduría.
Que bien camine siempre puro, limpio, divino.

Así le quiero, así le programo,
así te pido, universo divino,
que bien lo decretes y lo sustentes.
Así es, así sea.

Alejar a los niños de las adicciones 4

Yo decreto en nombre de _____
bendiciones infinitas.
Que bien aleje a él, a todo niño y a todo ser
de cualquier adicción,
que no le invada ninguna de ellas,
que ningún ser le afecte, que nada le dañe,
que nada le frene en su divina y pura evolución.

Que no se guíe por falsas vías ni promesas,
que todo acto suyo sea siempre en divinidad.
Así se fluye, así se protege
a cada instante de todo mal.
Así es, así será.

Akari Berganzo

Decretos para
BUSCAR EL EQUILIBRIO DE NIÑOS ADOPTIVOS

Buscar el equilibrio de niños adoptivos 1

A él le amo, a él le hablo,
yo apelo así a su yo superior.
Que guíe sus pasos hacia mí en armonía,
en calma, en adaptación,
en perfecto equilibrio universal.
Que así se aproxime, se sustente, se sane,
que no recuerde más dolor.

Que nunca más se sienta abandonado
ni rechazado,
que todo error ajeno se aleje ya de su presencia
espiritual.

Sana así, bendito universo,
su alma pura y su bello corazón.
Que no se sienta desconectado ni desamparado,
que no se deprima, se encierre ni se aleje
puesto que yo le amo y conecto mi noble corazón
con su alma en perfecta unidad
desde su pura divinidad.

Así le amo, así le quiero, así espero verle pleno,
dichoso y sereno
sintiéndose profundamente amado,
sinceramente conectado a su nueva realidad,
a mi puro amor que le envuelve y ampara.
Así siempre será.

Buscar el equilibrio de niños adoptivos 2

Que sepa bien fluir,
que se adapte con pura divinidad.
Así le amo, así le quiero
ver completamente feliz, universo mismo.
Yo solicito así que se instaure
un divino vínculo
de sincero amor universal.
Que no se sienta solo ni desamparado,
que jamás se sienta olvidado.

Que no extrañe sus orígenes,
que sus recuerdos no le afecten,
que sepa armoniosamente bien fluir,
que así viaje, se sustente
y se construya nuestro vínculo divino
de amor y bienestar.

Así fluimos, así nos apoyamos en divina unidad.
Así te amo, te cuido y amparo

programando para ti el amor cósmico,
en el cual permanentemente resguardado estarás.
Así siempre será.

Buscar el equilibrio de niños adoptivos 3

Querido _____,
a quien yo amo con total sinceridad.
Así te colmo de dicha y tranquilidad,
así te quiero y te procuro un perfecto bienestar.
Así solicito en magia presencial
que te dote de un incólume
equilibrio emocional.

Que nada te perturbe, que nadie te afecte,
que crezcas sano y sereno con total naturalidad.
Así es, así siempre será.

Buscar el equilibrio de niños adoptivos 4

Yo soy la luz que te abraza
reconfortando siempre tu alma.
Yo soy la luz que guía tus pasos,
soy el sendero que bien te acompaña.

Así te amo, así te cuido.
Así es, así siempre será.

Decretos para

INSTAURAR UNA RELACIÓN PERFECTA CON UN HIJO ADOPTIVO

Instaurar una relación perfecta con un hijo adoptivo 1

Yo construyo para _____
un amoroso vínculo universal y espiritual.
Que no se aleje de mí,
que me acepte en su pura realidad,
que compartamos amor, afinidades e intereses,
que nos una más que la sangre universal.

Así le amo, así le quiero,
así espero su espléndido bienestar
sin más agravios, agresiones ni desencantos,
que fluya siempre en pura divinidad.
Así le amo, así le apoyo,
así le sostengo en mi dulce regazo.
Así es, así siempre será.

Instaurar una relación perfecta con un hijo adoptivo 2

Que el amor fluya, que sea instaurado,
que todo dolor pueda siempre sanar,

que bien se sienta reconfortado,
que me abra siempre su corazón.
Así le amo, así le guío en puro bienestar
con todo mi respeto, con mi puro corazón.
Divino universo,
aquí te pido que instaures y construyas
el perfecto vínculo de sincero amor.
Así es con tu gracia divina, así siempre será.

Instaurar una relación perfecta con un hijo adoptivo 3

Amor bendito, inmaculado y sincero,
dulce y eterno,
bríndanos la magia presencial
que así te pido, que aquí te solicito.
Bendice a mi familia, a mi dulce niño,
bendice nuestro vínculo en altísima santidad.
Que bien lo sepa criar,
que nunca se sienta solo ni desamparado,
ni de mí desconectado.
Que este vínculo viaje y se sustente
bajo la gracia universal.
Así sanamos, amamos y nos apoyamos
por la suprema divinidad.
Que todo pase en armonía,
que todo sea pura plenitud,
que nada le falte, que no extrañe

ni se desvincule de mi dulce ser,
que bien le ama desde el principio universal.

Permíteme amarlo con dignidad y plenitud,
permíteme ayudarlo a crecer,
a sustentar las altas virtudes de su alma pura.

Que se sienta siempre bien amado y amparado,
que sea feliz y actúe siempre en divinidad
bajo la guía sincera de su ángel
y de los arcángeles.

Así te pido, universo mismo,
que instaures una verdadera y serena
relación de sincero amor
que no conozca final, que sólo sepa crecer
en pura perfección.
Así es, así será.

Instaurar una relación perfecta con un hijo adoptivo 4

Yo te entrego al mismo universo,
que bien te ampare, te sane y te cuide
en cada paso, en cada pensamiento.

Así le pido que te sustente,
que me ayude a brindarte
puro amor universal.

Así te quiero, así te apoyo,
así te protejo con infinito amor,
con gran dedicación, sincera bondad
y ética personal.

Así te proyecto a tu divino futuro,
cual altas bendiciones,
tus palabras y acciones
siempre bien sabrán fluir.

Así te amo, mi bendito niño,
en todo momento
bajo el manto estelar
de la magia presencial.
Así es y así siempre será.

Decretos para
BRINDAR AMOR A LOS NIÑOS

Brindar amor a los niños 1

Divino cielo, divino amor,
permite que _____ viva en bienestar.
Que nada le perturbe, que bien se aferre
al divino flujo del amor universal.

Así se programa, se reafirma
y se ampara en tranquilidad.

Que se sepa siempre amado,
que se brinde al amor universal,
que jamás se sienta
menospreciado ni lacerado,
que bien fluya,
que bien sepa amar.

Que todo sea puro,
perfecto y bendito,
que comparta, reciba, exprese
y vibre siempre en puro amor.
Así es, así sea,
asi será.

Brindar amor a los niños 2

Todo amor le sustenta, todo amor le reconforta,
todo amor es sincero.
Que todo pase, que todo fluya,
que todo ser sea siempre amado.
Que nada le limite, que nada le traume,
que siempre exista puro amor.

Así te pido, universo mismo,
que expandas siempre amor incondicional.
Que nadie lacere nunca más,
que todos sean bien amados,
respetados, profundamente reconfortados.
Que todo ser regale sincero amor por doquier,
que nada le lastime, que nada le colme,
que nada sea imperfecto,
reconectando así a cada criatura
con la bendita elevación.
Que el amor fluya y sea sustentado.
Así es y así será.

Brindar amor a los niños 3

Bien fluye en amor, en armonía,
sintiéndose amado y amparado.
Que el amor lo embargue, lo sane,
lo repare y lo sustente.

Que nada le falte, que fluya en amor universal
y en paz espiritual.
Que en amor se apoye,
que el amor guíe siempre sus pasos,
sus decisiones, sus sueños,
sin sobresaltos.

Así le amo, así le programo
al eterno amparo del amor universal.
Así será.

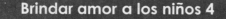

Brindar amor a los niños 4

Cual rosa y jazmín, así te amo,
cual fruto maduro el universo te resguarda.
Bien amado siempre has de estar
en perfecta calma, en sincera bondad.

Así tú fluyes en gracia y divinidad,
así te sustento y te programo,
que vivas amando con gran bondad.
Así el amor universal
en bondades infinitas
constantemente a ti volverá.

Así te amo y aquí te programo
en pura calma, en sincero amor,
donde siempre resguardado estarás.
Así por siempre bien será.

Decretos para
COMBATIR EL *BULLYING* O ACOSO ESCOLAR

Combatir el *bullying* o acoso escolar 1

Que todo ser sea valorado,
que toda vida sea respetada.
Así yo fluyo, así respeto por gracia universal.
Aquí solicito que cese desde ahora
todo acoso, toda injusticia,
toda mentira, agravio, traición y desamor.
Que me respeten, que los respete,
que así bajo el amor universal
cada alma sea perfectamente saneada,
logrando generar la perfecta sociedad.

Que nadie más destruya, calumnie ni ofenda,
que nadie más sea víctima,
que todos se amen, se bendigan,
se comprendan y escuchen,
respetando así el divino fluir universal.
Solicitado está el divino respeto para mi persona,
para mis ideas, sentimientos y proyectos.
Que no me falten grandes
oportunidades escolares,

sentimentales ni evolutivas.
Que no me falte una familia amorosa,
un loable sustento, una gran sonrisa,
que no me falten cariño, amor ni amistades
sinceras.
Que no me falten retos, esperanzas
ni oportunidades elevadas.
Así está mi pedimento al universo,
a Dios mismo le solicito estas gracias,
sabiendo bien que concedidas están.
Así es, así sea.

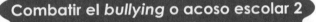

Combatir el *bullying* o acoso escolar 2

Que en todo instante fluyan en mí
la gracia y el respeto universal.
Que nadie abuse nunca más,
que nadie me lastime más,
que yo tenga la sagrada sabiduría
de respetar siempre cada vida,
a cada hermano, en cada mirada,
pensamiento y hecho.
Así yo pido el mismo respeto,
dirigido y sustentado hacia mi sendero.
Que nadie me moleste más,
que nadie me insulte ni traicione más,
que nadie abuse más de mi ser,
bajo ningún contexto, en ningún momento.

Así decreto yo ante el universo
mismo mi propia valía.
Que no me acosen, que no me molesten,
que no perturben más mi bendita paz espiritual.
Así lo pido, lo exijo y solicito
bajo la ley restot 1286 46.
Así es, así sea.

Combatir el *bullying* o acoso escolar 3

Que fluya el respeto,
que se instaure siempre
el puro amor en los corazones,
en las intenciones de cada alma,
en cada palabra y pensamiento.
Que nadie te hostigue,
que a nadie molestes,
que nadie te traicione ni incomode.
Que cada ser se reconecte
desde ahora sólo con su propia divinidad.

Que sólo desde ella me hable,
que sólo desde ella se comunique,
que con ella se trabaje, se ame
y fluya siempre el bienestar universal,
amparando y resguardando así
de todo mal a cada una de sus criaturas
en toda línea de tiempo.

Que todo sane, que todo mal sea olvidado
purificando así cada corazón.
Que nadie más moleste, intrigue ni disturbe,
así se fluye en el divino respeto universal.

Cual imán está el respeto atraído hacia mi ser,
que cada ser me respete,
que yo respete siempre a cada ser
bajo la ley 113622.
Así es, así será.

Combatir el *bullying* o acoso escolar 4

Que todo fluya en bienestar, bondad
y absoluto respeto.
Yo fluyo y promuevo
la más alta consideración.
Que nada me perturbe, que nada me lacere
ni nunca más lacere a ser alguno.

Así me sustento, así te sustento,
así me amparo al puro bienestar.
Yo decreto el divino respeto
afirmando el bendito fluir en perfección.

Que se restaure el respeto en cada hogar,
pensamiento, mirada y acción.
Así es, así sea.

Decretos para
COMBATIR EL MIEDO INFANTIL

Combatir el miedo infantil 1

El bien se instaura y aumenta la calma
sin más angustias, sin más temores.
Que siempre reine la divina paz,
con clara magia universal protege sus sueños,
que cesen sus miedos, así decreto por su bienestar.
Así le programo, así le bendigo,
así le guío en perfecta paz.
Así es, así será.

Combatir el miedo infantil 2

La oscuridad se aleja de su mente,
la calma regresa en cada instante.
Que la gracia bien le ampare en cada sueño,
que despierte sin sobresaltos, sin más miedos.
Libre está ya de todo temor.
Que nada le perturbe, que nada le inquiete,
que nada le disturbe nunca más.
Así es la divina programación que se instaura en
todo su ser, sin más temor,
ahora está programado para triunfar.

Combatir el miedo infantil 3

Yo soy la fuerza universal que aleja
de mi ser todo temor,
yo soy la gracia protegida y aplicada
para que nada me limite.
Yo soy la mano astral
que me sostiene y ampara
bajo la gracia universal.
Soy la divina luz
que nunca se apaga ni se obstruye
porque yo fluyo siempre en el resplandor
y el amor universal.
Siempre soy yo quien recibe la magia cósmica,
así es que bien protegido estoy.
Así sea.

Combatir el miedo infantil 4

En él radica la paz espiritual,
él bien confía, él bien se sustenta,
él bien se supera, actuando en pura divinidad.
El miedo se olvida, se desprograma
de su mente y sus acciones.
Con cada pensamiento él fluye,
repeliendo todo temor, angustia e incertidumbre.
Así será.

Akari Berganzo

Decretos para
MEJORAR LA COMUNICACIÓN PADRES-ADOLESCENTES

Mejorar la comunicación padres-adolescentes 1

Yo le hablo a la pura esencia
de _____,
a su divina verdad.

Que bien me escuche,
que bien se exprese
con alegría, con cordura,
sin mentiras ni medias verdades.

Él fluye con honestidad,
inteligencia y perfecta comunicación.

Él es tolerante, adaptable, respetuoso
y se siente apoyado por la familia.

Es así que programado está
por la más alta divinidad.
Así es, así sea,
así será.

Mejorar la comunicación padres-adolescentes 2

Así se crea y se sustenta
el perfecto vínculo que bien comunica,
que bien se sustenta y se respeta
en armonía universal.
Que siempre se apoyen, se escuchen,
y se aconsejen con sinceridad.
Así es este vínculo instaurado de divinidad.
Así sea.

Mejorar la comunicación padres-adolescentes 3

Que la comunicación perfecta
sea siempre aplicada,
que bien se escuchen, que bien se ayuden,
que fluyan siempre en honestidad,
en armonía, sin sobresaltos,
así se aplica la ley universal.

Bajo esta ley ahora solicito
que fluya siempre la divina comunicación
en cada momento bajo un total respeto,
sin más mentiras, sin traiciones,
sin maldad y sin intrigas.

Que predomine la verdad colmada de amor,
de buena apertura, gran respeto y alegría.
Que así mejore esta comunicación, solicitándola
a favor de _____ y de _____
por el más alto bienestar universal.
Así es así sea.

Mejorar la comunicación padres-adolescentes 4

Nosotros somos comunicación sustentada
bajo el yo superior universal.
Así fluimos en armonía, con gracia y divinidad.
Que todo fluya, que todo mejore
y se proyecte con divinidad.
Así es, así será
que la comunicación siempre fluirá.

Decretos para
MOTIVAR A REFLEXIONAR A LOS NIÑOS

Motivar a reflexionar a los niños 1

Yo soy la voz que decreta en nombre
de _____.

Yo soy el paso firme que lo conduce
a la perfecta reflexión.

Que él razone con sensatez,
que actúe con divinidad
guiándose, sustentándose y reencontrándose
con su propia divinidad.
Así sea.

Motivar a reflexionar a los niños 2

Invocando al universo en plenitud,
con claridad de pensamiento,
yo programo a _____
para actuar en perfección.

Que nada nuble su juicio
ni perturbe sus acciones,
que siempre actúe en pura plenitud.
Así es, así sea.
Así siempre será.

Motivar a reflexionar a los niños 3

Que _____ bien razone,
que reflexione,
que siempre actúe en perfección.

Que nada lo altere
ni lo conduzca a erradas decisiones
que le perturben.

Que su camino sea claro, puro,
estable y armónico,
que así se encuentre en bienestar.
Así es, así sea.
Así será.

Motivar a reflexionar a los niños 4

Que el universo resguarde a _____,
que le programe a sanamente reflexionar.
Que le otorgue el pensamiento
claro y creativo
serenando su voluntad.
Que actúe con juicio claro y positivo,
siempre con honestidad.
Que así se guíe, que se comporte
siempre en humildad.
Así es, así sea.
Así será.

Decretos para
AYUDAR AL NIÑO CON DISCAPACIDAD

(repetidos por el propio niño)

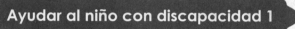

Ayudar al niño con discapacidad 1

Yo soy la perfecta salud,
yo soy el perfecto amor.
Así es.

Ayudar al niño con discapacidad 2

Yo soy la perfecta sanación
que se gesta en mi interior.
Así es.

Ayudar al niño con discapacidad 3

Yo me sobrepongo
ante toda limitante,
yo soy perfecto.
Así es.

Ayudar al niño con discapacidad 4

Yo soy Dios en acción, sanando mi ser,
sanando ya esta situación.

Ayudar al niño con discapacidad 5

(repetidos por los padres)

En nombre de _____ *(nombre del niño)*
yo solicito al universo mismo,
yo solicito a Dios
mejorar siempre su condición.
Yo solicito a Dios
ampararlo en cada momento,
ante toda prueba,
procurando así su perfecta sanación
en cada situación,
en cada uno de sus cuerpos:
físico, mental, emocional y espiritual.

Que su condición siempre mejore,
que se abra al mundo, que se abra a sí mismo
para poder captar todos los conocimientos
que requiera
para aprender a volar

con sus propias alas,
envuelto en amor y en respeto,
envuelto siempre
en la más perfecta evolución.

Así le envuelvo en todas las llamas,
así le entrego a todas las frecuencias
del alto astral
para que desde ellas sea amparado,
para que gracias a ellas mejore
ya de esta situación.

Así lo lleno de luz y amor,
así le sano con infinito amor,
que éste siempre le proteja.
Así ya es, así siempre bien será.

Ayudar al niño con discapacidad 6

En nombre de _____
yo solicito al universo
que lo dote de salud, amor e independencia,
para que pueda crecer, vivir y desarrollarse
en luz, amor, respeto e integridad.

Abre sus alas, permítele volar,
permítele ser quien es en perfección divina.
Ya es así, así siempre bien será.

Akari Berganzo

Ayudar al niño con discapacidad 7

En nombre de _____
yo solicito al divino creador
que existe en su interior,
conectado siempre con la presencia de Dios,
que venga ya, que escuche esta petición
solicitando así su mejoría inmediata,
el crecimiento en perfección
de sus capacidades motoras,
la mejora de sus procesos mentales
y la aceleración de su procesos de aprendizaje.

Permite ya que _____
mejore siempre en perfección,
a cada paso, a cada palabra,
en cada proceso mental.
Permite que vuelva a la divina perfección,
aquella en la que se gestó.
Envuélvelo en la llama de la sanación,
en luz, en amor, en evolución.
Así será, así sea.

Ayudar al niño con discapacidad 8

Yo solicito en nombre de _____
que mis palabras sean siempre escuchadas.

Yo solicito la perfecta evolución para _____,
que sea protegido en perfección desde el astral,
que mejore su situación en todo contexto,
en cada momento.

Así lo entrego a la luz en perfección
para que mejore, se integre y se abra al mundo,
abriéndolo ya al amor universal,
desde donde mejorará.
Así es, así siempre bien será.

Decretos para
MEJORAR LA ACTITUD
DE UN NIÑO AUTISTA

> ### Mejorar la actitud de un niño autista 1

Aquí le hablo hoy al yo superior de _____
(nombre del niño autista),
solicitándole en perfección que abra un puente
de perfecta comunicación con el mundo exterior.
Que éste sea a perpetuidad,
que le abra las puertas al mundo exterior,
permitiéndole fluir y aceptarlo con amor,
que avance en él, que aprenda bien,
que crezca en perfección y con infinito amor.
Le hablaré permanentemente a su yo superior

para que éste le guíe siempre en perfección.
Así atraigo ya su atención,
así aprende ya, siempre en evolución,
así se abre y se comunica sin dificultad,
sanando situaciones.
Así ya es, así siempre bien será.

Mejorar la actitud de un niño autista 2

Que la luz de Dios abra siempre en perfección
un puente de comunicación.
Que _____ se abra al mundo,
que se comunique ya, que se exprese ya,
siempre en perfección.
Así le pido a su yo superior
que nos escuche, que preste atención,
que le permita a _____
comunicarse ya siempre en perfección.
Aquí le aplico las llamas divinas
para que en ellas se ampare,
para que por medio de ellas se comunique ya.
Así lo entrego hoy en divina culminación
y con infinito amor
al amparo y la sanación
de la grandeza universal.
Hermanos ascendidos de la luz,
vengan ya a sanar esta situación,
vengan ya a ayudar a este niño

que requiere de su magia y protección
para sanar ya esta condición.
Así ya es, así siempre bien será.

Mejorar la actitud de un niño autista 3

Yo te integro a la realidad
que compartimos en perfección, sin más dolor.
Que así te abras al mundo
permitiéndole descubrirte y abrazarte,
permitiéndonos reconfortarte.
Vuelve a la realidad
abriéndote a tus padres, a tus hermanos,
a tus maestros,
abriéndote a tu tiempo y a toda la humanidad.
Así solicito a tu yo superior
que en perfección abra e instaure
un perfecto puente de comunicación
que te acerque al mundo, a la sociedad,
a tu familia.
Que te acerque a ti mismo
permitiéndote así volver a la perfección.
Así hoy te entrego a Dios, al divino poder
de los siete rayos,
así te entrego a la frecuencia 1116
para que en todas ellas sanes ya
siempre en divina perfección.
Así es y así será.

Decretos para
AYUDAR A LOS NIÑOS A AFRONTAR UN DIVORCIO

Ayudar a los niños a afrontar un divorcio 1

Por el bienestar emocional y espiritual
de esta familia que rompe vínculos
yo solicito que todo fluya
sin ningún dolor.

Que así se guíen los nuevos pasos
sin más angustias ni indecisión.
Que nada nos falte, que nada perturbe,
que nada afecte a los niños.
Que todo avance, que todo sane,
que así se termine en divina paz,
sin más dolor, sin odios ya,
sin arrebatos ni malestar.

Así es, así sea,
protegiendo desde ya a los dulces infantes
que ahora, expuestos a la nueva realidad,
aquí han de estar.
Así es, así sea.

Ayudar a los niños a afrontar un divorcio 2

Yo programo la perfecta justicia,
que aquí se sane todo mal,
que no se llore, que no se odie,
que no se agravie nunca más.

Así se sana a los dulces niños,
que nada turbe su voluntad.
Así les miro con alegría y esperanza,
llegó la calma
que siempre en ellos ha de estar.
Así es, así sea.

Ayudar a los niños a afrontar un divorcio 3

Universo amado que bien me escuchas,
haz descender tus rayos de pura luz.
Envuelve sus miradas, resguarda sus palabras,
armoniza sus sentidos sin daños ni agravios.

Que nada les perturbe,
que nada les lastime,
que los dulces niños se colmen de paz.
Que no sufran, se angustien ni indignen,
que fluyan siempre en divinidad.
Así es, así sea.

Ayudar a los niños a afrontar un divorcio 4

Divinidad, extiende hacia mí tu mano,
otorgándome la calma y la serenidad.
Divinidad, envuelve en ti a los niños
para que no sufran ni se acomplejen.
Divinidad, otorga la claridad emocional
y mental
para que todo vínculo sea disuelto
sin traumas ni rencores,
sin odios ni lágrimas.

Que nadie sufra, que todos sanen,
que todos evolucionen siempre en unidad.

Así solicito tu bendita ayuda
para transmutar aquí toda imperfección,
transformándola en bendito amor
que bien se expanda y se sustente
en cada corazón, en todo recuerdo,
en cada momento.
Así es sabiendo bien que así será.

Duelo

Decretos para
ACEPTAR LA MUERTE DE UN HIJO

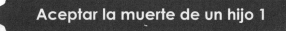

Aceptar la muerte de un hijo 1

Que bien te encuentres, amado hijo,
que bien te sanes, te liberes
y viajes puro y sereno.
Que nada colme jamás tu bienestar universal,
que me visites en dulces sueños
cuando me quieras hablar,
pues yo siempre para ti aquí estaré
con magia universal,
brindándote siempre mi amor espiritual
de mi espíritu al tuyo,
de mi corazón al tuyo.
Así te amo, así te bendigo,
así yo acepto sin más dolor
tu pronta partida, reconociendo en ella
que fue el divino fluir el que siempre debió ser.

Que no te falte amor,
que el mío permanentemente te alcance,
que no conozca distancias ni barreras,
que siempre bien te encuentre.

Así te amo, te bendigo y acepto lo que no puedo
cambiar, sin más dolor, sin depresión,
sabiéndote pleno, feliz y libre de todo malestar.
Así tú brillas siempre en el mismo firmamento.
Así es, así siempre será.

Aceptar la muerte de un hijo 2

Yo te amo en plenitud aceptando tu partida
de este plano, soy la luz que te protege
aceptando que te has marchado.
Que bien te liberes, que seas siempre pleno,
que nada te ate, que nada frene tu evolución.
Yo me quedo en paz asumiendo que
en el bienestar universal
libre y pleno estás.
Aquí me libero de todo dolor
abrazándote siempre con infinito amor.
Así será.

Aceptar la muerte de un hijo 3

Que el universo te ampare,
que el universo te sane y me sane de todo dolor.
Que bien evoluciones,
que viajes pleno sin más limitaciones.

Así te quiero, te bendigo, te sustento,
aquí me libero de todo dolor y malestar.
Así es, así será.

Decreto para
SANAR LA CARENCIA DEL PADRE O LA MADRE EN UN NIÑO

> **Sanar la carencia del padre o la madre en un niño**

Aquí estoy resanando tus heridas,
brindándote por derecho divino todo el amor
universal.
Que te fortalezca, que siempre te ampare,
que te programe para no necesitar a quien no estará.
Que no te quede un vacío, que no te quede un
trauma,
que no te rompa jamás el corazón.
Que no me odies, que lo comprendas
con calma y resignación.
Que el universo te abrace
y te brinde tanto amor
que nunca sientas la falta de quien no estará.
Así te programo al amor universal,
así fluyes, así te relajas, así te sanas en perfecta paz.
Así es y así será.

Decreto para
PREVENIR EMBARAZOS EN SITUACIONES IMPERFECTAS

Nota importante: jamás debe considerarse utilizar un decreto a modo de sustituto de un método anticonceptivo.

Yo soy la paz divina que me induce
a actuar con inteligencia,
yo evito toda situación de riesgo inmediato
o a largo plazo.
Yo reflexiono sobre mis decisiones
antes de tomarlas,
aplico la razón de mi yo superior
en cada momento
y fluyo sólo bajo la divinidad
de mi yo superior.

Yo vivo mi vida con alta responsabilidad,
no asumo ni creo situaciones de riesgo
y me alejo de todo peligro.
Yo me protejo en cada momento
aplicando siempre mi conciencia divina,
mi mente universal.

Yo me conecto con mi propia divinidad,
en ella fluyo, en ella me sustento
para actuar siempre con pura inteligencia,
comprendiendo las posibles consecuencias
devastadoras para mí
si no actúo con inteligencia.

Yo soy la misma inteligencia divina,
bendita y plena,
que bien me guía y me sustenta
alejándome de todo riesgo.
Así soy yo, siempre actuando
con pura divinidad.
Así sea.

Decretos para
PROTEGER AL INFANTE
Y A LA MADRE EN EL EMBARAZO

> Proteger al infante y a la
> madre en el embarazo 1

Yo soy la pura protección universal,
yo soy el bienestar
que bien protege y nos ampara en cada momento.
Yo decreto el perfecto parto natural,
que no haya cesáreas ni complicaciones,

que no se corran riesgos
ni se sufran malestares,
que todo sea divina calma
amparados por ángeles
que resguarden nuestro bienestar
y también el bienestar universal.

Que nadie sufra más,
que ningún infante, que ninguna madre sufran,
que el parto fluya con divina naturalidad.
Así es, así sea.

Proteger al infante y a la madre en el embarazo 2

Estrella universal, aquí te busco.
A ti te pido que apliques
la divina emanación universal,
que no existan más partos complicados
ni más cesáreas ni sobresaltos.

Bajo la ley 12129636
yo te solicito, divino universo,
que no permitas que padezca cesárea alguna,
que no permitas que el niño
sufra traumas o inconvenientes,
que todo fluya, que el embarazo
progrese en perfección.

Así yo fluyo, así tú fluyes
en pura perfección astral,
protege amorosa todo el proceso
en cuerpo físico, áurico, kármico,
mental y espiritual.
Que todo embarazo sea magnífico y bendito,
producto sólo del puro amor.
Que ya no se suscite accidente alguno
en ningún momento.
Así yo pido, divina estrella,
la pura gracia universal.
Así es. Así sea.

Proteger al infante y a la madre en el embarazo 3

Yo soy el universo mismo
creciendo y viviendo
en pura perfección.
Así te desarrollas, así te pido que crezcas bien,
que no me laceres ni te laceres,
que todo se dé con naturalidad.

Aquí yo apelo a ángeles y arcángeles,
que bien nos guíen, que bien nos amparen,
que el parto transcurra en pura divinidad.
Que no existan sobresaltos,
peligros ni incertidumbres,

que todo pase en perfección, sin dolor,
sin agravios, sin ninguna laceración.
Así yo programo
el perfecto parto en cada hogar,
que sea así el mío como todos los demás.
Así será.

Proteger al infante y a la madre en el embarazo 4

Yo soy la perfecta extensión divina de Dios
que se gesta en mí.
Así la protección es plena y exitosa,
decretando ya que este hecho transite y se suscite
sin dolor ni imperfección.
Permite que así sea de modo natural,
sin percances ni intervenciones quirúrgicas,
sin traumas iniciales ni posteriores.
Que este bebé y este alumbramiento
sean perfectos y guiados por la divina luz de Dios
y que Él sea quien guíe la mano de los médicos,
quien guíe la salida del bebé
y nos conduzca siempre a la luz
y elevación espiritual.
Que envuelva nuestros cuerpos,
nuestras mentes y emociones
en la perfecta protección hoy y siempre.
Así ya es, así siempre bien será.

Decretos para
ERRADICAR EL PROBLEMA DE ORINAR EN LA CAMA

Erradicar el problema de orinar en la cama 1

Yo programo en perfección que a partir de ahora
cada noche sea siempre seca
sin más derrames ni orines.
Yo decreto que sus sueños sean plenos,
que abandone ya el pañal,
que nunca más se orine en la cama.
Yo apelo a su yo superior
para que actúe con pura divinidad.
Que nunca más se moje,
que no haya más tensiones ni sobresaltos,
que no haya que cambiar las sábanas cada noche.
Yo apelo al yo superior de _____
para que actúe sanando ya la situación presente,
que aquí termine, que tenga seguridad,
que le induzca siempre a controlarse,
que no se moje nunca más.
Así programo ahora a su yo superior
para tomar el control inmediato de la situación,
sanándola en prontitud y en perfeccón.
Así es y así será.

Erradicar el problema de orinar en la cama 2

Yo programo a _____ para que actúe ya
bajo las órdenes de su yo superior.
Que ya no se orine en la cama,
que no se angustie, que no se estrese,
que se libere de esta situación.
Así te pido, magia universal,
que repares ya toda imperfección,
que _____ sepa ya bien sanar
todo temor, toda imperfección,
viviendo en bienestar sin más orines
en su cama jamás.
Así será.

Erradicar el problema de orinar en la cama 3

Yo le hablo al yo superior de _____
con inteligencia divina, con serenidad,
que no resulte afectado ya más.
Yo te solicito desde tu yo superior
que actúes con inteligencia divina,
que permitas que tu yo superior tome el control
y resuelva esta situación,
sin permitir que te afecte
ni te lacere nunca más.
Así es y así siempre será.

Erradicar el problema de orinar en la cama 4

Yo superior de _____,
toma ya el absoluto control de tu cuerpo
y tus acciones
evitando así que el problema se repita,
desarraigándolo, eliminándolo de tu realidad.
Que no te orines en la cama ya,
que tus noches sean plenas
sin angustias ni aguas,
que no te orines en la cama más.

Así programo a tu yo superior
para actuar con plena divinidad,
cada noche, a cada instante.
Que jamás te afecte, que nunca se repita,
puesto que sólo actuarás y responderás
en pura divinidad.
Así es, así será.

Decretos para
MEJORAR EL RENDIMIENTO ACADÉMICO

Mejorar el rendimiento académico 1

Aprendiendo _____
fluye en perfecta divinidad,
así se educa, así se divierte,
absorbiendo permanentemente
el divino conocimiento.
Bendito infante que bien aprende
sin más zozobras,
así te miro, así te quiero,
así te ampara el conocimiento universal.
Que bien aprendas, que bien comprendas
siempre en armonía universal.
Así es, así sea.

Mejorar el rendimiento académico 2

Que todo fluya con _____, que nada le perturbe,
que el conocimiento se sustente
con absoluta naturalidad.

Así se instruye, así escucha,
así se interesa en aprender.
Que no le falte la mano amiga,
que bien le ayude a asimilar.
Así yo entrego a _____
al divino conocimiento universal.
Así sea, así será.

Mejorar el rendimiento académico 3

Universo mismo,
aplica tu inteligencia universal,
tu mismo espíritu,
acrecentando y sustentando
todas las capacidades de _____.
Que bien aprenda sin sobresaltos,
sin traumas ni desencantos.
Potencia ya su divina inteligencia,
que todo fluya, que todo cambie,
que bien aprenda.
Así es, así será.

Mejorar el rendimiento académico 4

Divinidad del yo superior de _____,
permite que actúe ya con alta inteligencia,
que actúe en prontitud, expansión y perfección.

Así solicito que su mente astral
abra ya los canales de la inteligencia divina
a su máxima capacidad.
Que pueda siempre bien aplicarse
con naturalidad,
que nada le falte ni le aleje
de su perfecto bienestar.
Que bien aprenda y se desarrolle
siempre en cada materia
y ante cada problema.
Que nada le perturbe, que nada frene
su divino aprender en total plenitud.
Así será.

PARTE 3

DECRETOS PARA SANAR SITUACIONES COMPLEJAS Y LASCIVAS

Palabras de SAINT GERMAIN

Espero que ningún ser humano requiera de los decretos aquí presentados, dado lo que implican. Sin embargo, si lamentablemente llegan a necesitarlos, siéntanse amados, respetados y amparados por el universo y por todos nosotros sus hermanos ascendidos, que en ustedes pensamos y a ustedes resguardamos incluso de sí mismos.

Decreto para
PERDONAR UN ASESINATO

Yo te sano sanándome a mí también,
yo soy la paz que se expande
en todo mi ser.
Llego a un profundo bienestar
que sólo comprende los hechos
con infinito amor, con sincero perdón.

Que nunca más me duela,
que jamás afecte a ningún otro ser,
que la maldad sea erradicada
de toda la humanidad.

Yo miro al futuro en calma y plenitud,
yo comprendo tu partida y la acepto,
liberándote así de todo dolor.

Que tu alma viaje pura y serena,
plena y perfecta,
que mi corazón sane en prontitud.

Yo perdono igualmente al ser errado
y poco evolucionado
que ha debido ser el instrumento
que equilibró tu karma anterior.

Así te libero y le libero,
así yo mismo me libero
bendiciendo a todo ser y a toda situación,
comprendiendo la divina transmutación.

Que se instaure el amor,
que se instaure la paz,
que sea restaurada la energía divina
que todo ama, que todo bendice y sana
por el más alto bien de toda la humanidad.
Así siempre será.

Akari Berganzo

Decreto para
PERDONAR UN ROBO

Yo soy quien bien perdona toda falla,
aceptando los hechos, sanando las
imperfecciones,
sin ofensas ni agravios, odios ni indignaciones.

Yo comprendo así que este hecho
que hoy me molesta
es el fiel reflejo de lo que antes yo erré.
Solicito así el perdón universal
por cada acto mío cometido
en cualquier espacio de tiempo,
cuando antes no supe bien comprender.

Así te sano, así me sano
bendiciendo el mismo hecho
con el cual la cuenta
liberada ha quedado ya.

Yo solicito aquí el divino fluir
que equilibra energías y karma
que este modo de actuar no regrese más.
Así soy yo la pura divinidad,
así soy yo la perfección universal.

Decreto para
SANAR A HIJOS DE PRESOS VIOLADORES O SECUESTRADORES

Yo te libero de todo dolor,
y me libero de cualquier dolor.
Yo me desvinculo aquí de todo mal,
de cualquier imperfección errada y ajena,
que no me cause más sufrimiento,
que nunca más me hiera.
Libérame, gracia universal,
de todo malestar, de cualquier falla,
que nunca más se me asocie
con un ser imperfecto.
Que el alma de _____ evolucione
siempre hacia la luz,
que cambie sus patrones equivocados,
que sane sus penas,
que logre transformar su esencia
en pura plenitud,
que conozca el respeto, la piedad,
la justicia universal.
Aquí me libero de este ser en absoluta calma,
en divina transformación, en total elevación.
Que no me falte sustento,
que no me falte gracia ni amparo,

que sea siempre yo un ser divino y puro,
que fluya permanentemente hacia la luz,
que me conecte mi voz plena de encanto,
colmada de amor y de respeto
con cada criatura en su máxima elevación.
Que yo me honre a mí mismo,
actuando desde mi yo superior
en cada palabra, pensamiento y acción.
Que sólo fluya en mi divinidad, en total elevación,
que sea yo noble de espíritu, de alma y sentimientos.
No permitas, universo amado,
que jamás me vea involucrado
en bajezas ni calumnias, laceraciones ni ofensas,
que no sea yo jamás motivo de ningún mal.
Ayúdame, señor hermano mío, bendito Dios,
a bien evolucionar, a bien fluir,
a perdonar, comprender y aceptar.
Que no tenga por qué pagar cuentas ajenas
que pueda sentirme siempre libre y
desvincularme de este hermano lacerado
que tanto dolor ha causado.
Que se aleje en paz de mi realidad,
que se rompa todo vínculo, que no me hiera más.
Así te solicito, universo amado, que nunca nadie
pueda asociarme con este ser
rompiendo vínculos por derecho universal.
Bajo las leyes 1086 y 1116 yo me amparo
para que así sea desde este mismo instante.
Así sé que bien será.

Decreto para
SANAR A LOS PRESOS

Que bien se arrepientan,
que bien se sanen,
que bien se perdonen y nos perdonen
olvidando ya cualquier imperfección.

Así sean benditamente regenerados,
alejándolos de sus propios errores,
liberando a la humanidad de sus propias
deficiencias.

Así son sanados, elevados, perdonados,
erradicando todo odio y desamor
de su propio ser y de la sociedad,
liberando a sus víctimas de todos sus errores. 5

Así sea en pura bendición.
Divina transformación,
libéralos siempre de cualquier dolor.
Así es, así sea.

Decreto para
SANAR A FAMILIARES DEL SECUESTRADO

Yo me perdono por este vínculo involuntario,
yo perdono a todo ser por toda imperfección.
Yo me perdono a mí mismo
y perdono mis errores de antaño,
de otro tiempo, de otro espacio,
que me han de haber conducido
a esta penosa situación.

Que todo mal de mí sea siempre desasociado,
que todo mal sea siempre erradicado,
que los corazones y pensamientos
sean purificados,
y todo acto guiado desde ahora
exclusivamente en divinidad.
Así yo viajo entre cielos y estrellas,
purificándome, liberándome
de todo vínculo errado.

Que no me alcancen su maldad,
su imperfección,
que no me lacere más su presencia,
su existencia, sus infamias.

Que sólo sean perdonadas, sanadas,
transformadas
siempre en pura calma, en bendito amor.
Que el universo regenere a todo ser
y me libere a mí de cualquier vínculo
con este ser errado.

Así me libero, así me transformo
en pura magia universal.
Que mi alma bien pueda aquí de todo mal sanar
erradicando la presencia de este secuestrador
de mi existencia,
desvinculándolo así de mi sendero
para nunca más mirarle, escucharle, soportarle.
Bendíganlo ya y enseñen a él y a su víctima
a bien amar, a perdonar,
a evolucionar siempre en perfecta divinidad.
Así es, así es, así sea.

Decreto para
SANAR A SECUESTRADORES

Yo solicito al universo que venga
y se instaure ya la paz,
yo solicito al universo que arranque
todo dolor y malestar,
que nunca más ser alguno haga ningún mal.

Yo solicito el amor universal
para sanar a esta alma
profundamente errada.

Que no dañe ya más a otro ser humano,
que la justicia reine
con la bendita espada de Porcia,
que la justicia sea siempre restaurada
sanando corazones, sanando vidas y finanzas.

Que no exista ya más ningún mal,
que este ser y todo ser profundamente
equivocados puedan bien sanar,
sean bien purificados, reestructurados,
para dirigir así su vida a la luz universal.

Que olviden odios, intrigas y bajezas,
que se conecten ya con el bienestar universal.
Así es y así siempre bien será,
violeta transmutación,
libéralos de toda baja intención,
de toda acción equivocada.

Protégenos siempre y libéranos también
de todo mal,
que el universo reestructure
colmando a todos los corazones
de sincero amor
que bien sabrá todo sanar.
Así es y así será.

Decreto para
SANAR A VÍCTIMAS DE SECUESTRO

Yo me perdono por todo dolor,
por sentir indignación, por el odio generado.
Yo me perdono por haber causado
en otro tiempo, en otro espacio esta situación.

Que mi alma pueda perdonar,
que mi alma pueda bien sanar.

Que todo mal recuerdo
sea definitivamente enterrado, desarraigado,
que yo fluya sólo en sincero amor,
que todo acto sea siempre bien perdonado,
liberado y transmutado.

Yo reconozco mi propia divinidad,
la cual me cura, me resarce y me sana
de todo dolor e imperfección.

Que bien actúe la magia universal
restaurando corazones,
sanando siempre situaciones con bondad.
Así siempre será.

Decreto para
SANAR A VIOLADORES

Yo solicito tu sincero perdón
por cada ser que no te amó,
por cada dolor que
invade tu corazón.

Que tus heridas sean
siempre restauradas
con infinito amor,
que tu yo superior tome en ti el control
evitando así que inflijas más dolor.

Que comprendas tus errores,
que les sanes, que los sufragues
logrando así restaurar
el bienestar universal.

Que no cometas ya ningún mal,
que te arrepientas,
te sanes, te liberes
de cualquier dolor
por el más alto bien
de toda la humanidad.
Así pronto será.

Decreto para
SANAR A VÍCTIMAS DE VIOLACIÓN

Yo perdono todo horror,
yo perdono todo error
liberando a cualquier ser asociado con él.

Yo soy la bendita paz que está latente
en mi alma
reconfortándome y envolviéndome
en su totalidad.

Yo soy la magia, soy el amor,
soy la divina expansión
que bien sana todo dolor,
liberándome de traumas nuevos o añejos
para que nada me perturbe nunca más.

Yo soy la magia que todo transmuta
aquí y ahora,
soy la alegría, el bienestar que sólo se sustenta
en armonía, en bendiciones, en sanaciones.

Así me libero ya del sufrimiento y el error,
así libero al universo de este dolor,
de esta imperfección,
así perdono, así olvido, así me alejo
de cualquier imperfección.
Así es. Así sea.

Decretos para
PERDONAR UN ACTO DE VIOLENCIA

Perdonar un acto de violencia 1

Yo fluyo en sincero perdón que todo sana y repara,
así soy siempre en pura elevación,
así te quiero, así fluyo en total plenitud.
Ven a mí, bendito amor,
restaura mi energía, resana mis heridas,
que nunca más me duela.
Ven a mí, paz bendita, pura y mágica,
sustenta mi mano, calma mis rencores,
que no se arraiguen en mi divino ser.
Evita los males, libérame del odio
y de cualquier malestar.
Que sea yo todo amor sincero y puro,
noble y sereno,
que no agonice a causa de la maldad.
Ven a mí, bendición infinita,
ven y bendice mi realidad con amor.
Que sepa fluir con alegría, con libertad,
que mis ojos sólo miren el bien
y olviden siempre el mal.
Así por siempre bien será.

Perdonar un acto de violencia 2

Yo fluyo en sincero perdón
que todo sana y repara,
así soy siempre en pura elevación,
así te quiero, así fluyo en total plenitud.
Ven a mí, bendito amor,
restaura mi energía, resana mis heridas,
que no me duela ya más.

Ven a mí, paz bendita, pura y mágica,
sustenta mi mano, calma mis rencores, que no se
arraiguen en mi divino ser.
Evita los males, libérame del odio
y de cualquier malestar,
que sea yo todo amor sincero y puro,
noble y sereno,
que no sucumba a causa de la maldad.

Ven a mí, bendición infinita,
ven e ilumina mi realidad con amor.
Que sepa bien fluir con alegría y libertad,
que mis ojos sólo miren el bien
y olviden siempre el mal.
Así por siempre bien será.

Akari Berganzo

Decreto para
INICIAR CICLOS

Yo soy el inicio universal,
envuelto en divina luz
que me ampara de todo mal.
Yo soy la mágica presencia de Dios,
en mí sanada está ya toda imperfección.
Yo soy la esperanza que nace hoy
abriendo mi corazón a la dicha y la razón.
Yo soy el divino cambio
que se abre y me bendice
en todo contexto y en esta situación.
Así ya es en mi propio ser
y así ya es en todo ser.
Así siempre bien será.

Decreto para
REENCONTRAR LA ALEGRÍA
EN LA VIDA

Yo soy la voz del viento
que se lleva todo dolor,
soy la voz de la esperanza

que retorna a mi corazón.
Yo soy las estrellas y la suerte
que se instauran en mi interior,
soy el ángel de la alegría
que habita en mi corazón.
Así soy yo la perfecta vibración
que a mi vida inyecta ilusión,
yo soy la voz de Dios
que me alegra con amor,
porque soy la esperanza
que esconde sanación.
Desde hoy así yo soy,
y así en plenitud siempre seré.
Así sea, así será.

Decreto para
RETOMAR LA CALMA

Yo soy la calma
que se gesta en mi interior,
soy la esperanza
que nutre mi corazón,
el inicio purificado,
la presencia universal
que redime el dolor.
Yo soy la esperanza que sabe sanar
soy la palabra que sabe perdonar,

la calma que vuelve a mi corazón
ante toda situación.
Así siempre en perfección será.
Así sea ya.

Decreto para
SANAR EL DOLOR EMOCIONAL

Yo soy la mágica sanación
que me permite bien fluir.,
que me permite olvidar
y me permite perdonar.
Yo soy la mágica presencia del alto astral
abrazando mi corazón para volver a volar.
Yo soy la liberación del dolor,
malestar e imperfección.

Así ya es, así será.
Y así desde hoy me abrazo
a la sanación universal
ante toda situación en bendita acción,
porque soy el eco de la sanación
que me restaura a mí y restaura
por igual a todo ser implicado
en la misma circunstancia.
Así ya es
y así siempre en perfección bien será.
Así sea.

Decreto para
SANAR EL PASADO

Yo perdono ya todo ayer,
cualquier ofensa expresada,
perdono ya toda rabia, toda angustia y error.
Yo soy la paz constatada en todo instante,
en cada pensamiento, ante todo sentimiento.

Yo soy la mágica presencia
que destruye todo ayer,
que destruye todo temor e imperfección,
porque yo soy la mágica sanación
que me libera y te libera de lo pasado.
Así siempre bien será,
así sea ya.

Decreto para
TENER ESPERANZA EN EL PORVENIR

Yo soy el poder transmutado que a mi vida
aporta milagros y bienestar,
soy el poder del pensamiento
accionado en perfección,
la alegría y la paz que me guían
a la bondad universal,

la esperanza que regala
realidades en perfección,
la mágica presencia de mi fuerza interior.

Yo soy el ser que siempre he debido ser,
actuando con bondad y con integridad,
así yo soy la esperanza consolidada
que sana toda realidad.
así ya es y así en perfección
siempre todo será.

PARTE 4

DECRETOS PARA ANIMALES

Palabras de Saint Germain

Dedico la parte 4 de este libro a los hermanos animales, que son los más frecuentemente olvidados y lacerados por la cobardía y la ignorancia humanas.

En los decretos para ellos es importante efectuar visualizaciones y, de ser posible, trabajar con las manos programando nuestra propia energía dirigida al animal, sin tocarlo pero tocando sutilmente su cuerpo áurico. Es decir, coloca las manos a cinco centímetros de distancia si el animal te tiene confianza y a 25-35 centímetros si no es así. Si el animal es salvaje, las manos deben dirigirse hacia su presencia física, con por lo menos de 45 centímetros a tres metros de distancia o más. Solicita siempre a Gaia, la Madre Tierra, y a San Francisco de Asís que te ayuden a brindar confianza y serenidad al animal antes de comenzar a trabajar con decretos para poder sanarlo. Dado que es un ser vivo, es posible solicitar también a su yo superior que nos permita sanarlo y que le permita comunicarse mediante sueños para conocer cuál es el mal que le aqueja y lo que ayudará a hacer más efectiva su sanación.

Decreto para
MEJORAR LA COMUNICACIÓN CON LOS ANIMALES

Yo programo a _____
(nombre del animal)
para que se comunique conmigo
en perfección,
con mensajes claros, serenos,
sin más reclamos,
con gracia y encanto.

Así te programo para que actúes
en pura divinidad,
que no te falte amor,
que nunca más cometas actos
que te perjudiquen,
sé siempre sereno, noble y obediente,
atento y sincero, dulce y perfecto.

Así te expresas, así te conduces,
así me respondes.
Así será bajo tu yo superior,
siempre así será.

Decreto para
AYUDAR A MORIR EN PAZ
A LOS ANIMALES

Amado amor, bendita paz,
el universo te envolverá hacia la luz de Dios
que bien te guiará.
Así te amo, así te libero
erradicando todo sufrimiento.

Viaja ya, bendito amor,
llega a la luz de Dios,
en ella te ampararás, Él te acogerá.
Viaja ya, querido mío,
hermano de mi alma,
en pura sanación.
Cierra los ojos, entrega ya tu dulce respiro
al mundo espiritual,
liberando tu corazón, sin más dolor,
en plenitud.

Mi amor te sustentará por siempre,
así estás ya bendito,
vuela libre y sereno, puro y amado,
con gracia universal.
Así es. Así será.

Decreto para
AYUDAR A MEJORAR
LA SALUD DE LOS ANIMALES

Yo soy la fiel mano divina
que en luz dorada y violeta
te sana y te libera de todo sufrimiento.
Yo soy la magia presencial
que te sostiene y te guía con más luz astral.
Así te cuido, así te programo
para que tengas perfecta salud
en cada momento, a cada respiro
pues tú eres la divina extensión de Dios
y, como cada criatura, la propia luz universal
que conforma tu alma.

Que nada te perturbe, que nada te hiera,
que nadie te lesione, que no sufras más.
Así solicito al universo mismo
que aplique su fuerza universal
sanándote y reconfortándote,
reprogramándote y reconstituyéndote
en la divina salud.
Así es, así será.

Decreto para
SANAR PATRONES DE CONDUCTA ERRADOS

Luz universal, yo solicito en nombre de
_____ *(nombre del animal)*
que todo fluya, que todo sane
y se libere en bienestar.

Que bien viva, que bien se comporte,
que su conducta mejore, que no moleste,
que no agreda, que no destruya ya más.
Que bien se adapte, que bien se conduzca
en cada instante en perfección.

Yo apelo a su yo superior solicitando
que su inteligencia universal
en él irrumpa y erradique todo problema,
que no destruya, que no me despierte,
que no deshaga ya más.

Así le amo, así le bendigo y le programo
para actuar siempre en divinidad.
Así es, así será.

PARTE 5

Oraciones milagrosas a los Maestros Ascendidos

Palabras de SAINT GERMAIN

Las oraciones no surten efecto si no se pronuncian con sinceridad y con el corazón. Recuerden que su sentido y su fuerza no radican en las palabras, sino en la energía que surja de su corazón al expresarlas al universo. La oración perfecta no es aquella que se centra en amenazas religiosas, aquella que dice que deben amar a su prójimo con la condición de que comparta su credo religioso, ni la que disculpa errores evolutivos a cambio de diezmos. No rindan tributo a otra persona por cargos políticos, sociales o religiosos; sencillamente, honren su propia divinidad y la energía creadora universal expresada en la figura de Dios, nuestro fiel hermano, porque todos somos una extensión del amor universal. Así, todos somos iguales reconociendo nuestra propia esencia en la dulce mirada de nuestro prójimo.

Les entrego estas oraciones que les servirán para conectarse con cada uno de nosotros, sus fieles hermanos ascendidos, que tanto amor les profesamos, que anhelamos verles sanados, reconfortados, libres de culpas, ira, odio y toda imperfección.

Estas oraciones fueron escritas por cada una de nosotros, es decir, la de Dios fue escrita por

Él y la de la Virgen, por ella; la mía la escribí yo para ustedes. De este modo, son las perfectas para entablar un diálogo con nosotros, quienes bien les amamos siempre sin límites, sin finales, condicionales ni fallas.

Así como no es necesario que trabajen con todos los decretos de este libro, tampoco tienen que hacerlo con estas oraciones: no tienen que decir diariamente todas a todos los hermanos ascendidos; más bien, enfóquense en aquellas que sientan como propias. Todos los hermanos ascendidos poseen la misma luz, el perfecto amor. De tal forma, ustedes están en plena libertad de elegir con cuál de nosotros quieren trabajar y a cuál aceptan como su sincero y noble guía, que cuidará de su bienestar en todo contexto. Elijan con sinceridad, amor, paz y esperanza; viajen libres al reencuentro astral. Cuando lo sientan en sus corazones, fluyan en la gracia universal y acudan al universo en cualquier dificultad y circunstancia que les aqueje.

Oración para
SOLICITAR AYUDA A DIOS

Querido señor hermano mío, reconéctame en armonía universal con tu energía vital. Que nada me dañe, que nada me moleste, que sea yo la total serenidad para evolucionar sin angustias, en plenitud de amor, en expansión.

Aquí te pido por el bienestar universal de cada criatura, comprendiendo todo espacio. Escucha siempre mi corazón, ayúdame en cada momento y situación.

Ayúdame a ser más sabio, puro, noble y fuerte. Cólmame de éxitos en todos los contextos y de bondad en todos los aspectos, para que pueda ser yo quien bien regale amor, quien bien sepa siempre ayudar, quien supere todas sus dificultades en paz, en armonía, sin agobios.

Que sea tu mano la que me guíe y jamás me suelte, así sea.

Oración para
SOLICITAR AYUDA A JESÚS

Yo soy tu fiel hermano(a) a quien siempre proteges con tu magia universal; a ti te entrego mis penas, mi dolor, mi imperfección, para que la transformes en pura plenitud, en infinita bondad, en elevación, en sincero amor.

Así me entrego a ti comprendiendo tu infinito amor. Protege siempre la salud de cada ser, protege todo corazón de la maldad, protege todo sueño para que se concrete en amor, bondad, expansión y crecimiento constante y sagrado.

Protege a los niños del mal, a los ancianos de la crueldad, a los animales de la irresponsabilidad. Aquí te pido que protejas mi alma, mi casa, mi corazón, mi sustento, mis sueños, mis pensamientos, guiándolos siempre a la sinceridad y el bienestar. Que nada nos falte, que nada nos dañe, que nada perturbe la bendita paz universal.

Aquí te entrego, hermano mío, mis penas, errores, dudas, traiciones e imperfecciones para que sean sanadas, olvidadas y liberadas. Así te pido, mi dulce hermano, que vengas en mi amparo, que me sostengas en calma, con bondad, ilusión y salvación. Salva mi alma de todo mal, salva mis finanzas, salva mis sentimientos y pensamientos con tu gracia universal.

En mi casa puedes siempre bien estar. Protégeme de la injusticia, el odio, la traición, y protege a los demás de mis fallas para que nunca más les lacere. Así te pido que apliques tu manto verde sobre toda la humanidad, sanando vidas, sanando cuerpos, sanando espíritus, naciones y hogares. Desarraiga todo mal e imperfección, transformándolos en puro amor universal. Concédeme en armonía y bondades la gracia que aquí te pido (_____), sabiendo ya que así siempre será. Así sea.

Oración para
SOLICITAR AYUDA A SAINT GERMAIN

Querido amigo, querido hermano violeta, transformación de mi ser, aplica ya tu manto morado siempre a mis pies.

Que nada me falte, que nada me dañe, que sea yo la calma absoluta y pura bondad, aprendiendo ya a alejarme de todo mal, así en paz y armonía, en total expansión. Así me guías ya con todo tu corazón a la pura elevación.

Yo me sostengo en tu vibración, desde donde te pido me ayudes siempre a afrontar todo proceso evolutivo que deba pasar bajo la vibración 1116. Yo me sostengo. Así será.

Oración para
SOLICITAR AYUDA A
LA VIRGEN MARÍA

Luz de rosas y estelas, bendita hermana de mi corazón; aproxímate a mi ser, cubre ya toda mi realidad de pura plenitud.

Que no me falte nada, que se acabe en mí todo mal que pudiese existir. Permíteme evolucionar constantemente y haz que estos procesos transcurran en absoluta calma sin más dolor, sólo en plenitud.

Aquí te pido entre rosas que me brindes la oportunidad de sanar tanto criaturas como espacio, energías y almas. Que no haya más dolor, que se termine todo odio e imperfección.

Aquí te regalo el cultivo de rosas cual tú eres. Por favor, hermana mía, bendita mía, acude ya en mi amparo liberándome de todo desasosiego. Así es, así sea.

Oración para
SOLICITAR AYUDA A LADY ROWENA

Querida amiga, querida hermana, tú que me reconoces en ti, ayúdame siempre a superar cualquier reto con la misma valía con la que tú supiste bien evolucionar.

Te pido que me cobijes, que me cubras de sabiduría. Ven y conduce mi ser a la gracia universal, ayúdame a reconectar mi alma con la elevación de los seres de luz.

Que la luz me invada y el amor divino me envuelva siempre. Que nada me falte, apóyame siempre con la simplicidad y eficacia de tu bendito amor. Ven y ampara ya todo mi ser, a mis bien amados y a toda criatura existente bajo la gracia universal. Así sea.

Oración para
SOLICITAR AYUDA A PORCIA

Señora de los sueños y de la justicia, en ti me refugio, a ti te hablo. Acude a mi encuentro, protégeme señora de la desdicha y la calumnia, de toda imperfección.

Que jamás me falten oportunidades divinas y plenas de crecimiento. Que no me falte un amor verdadero, salud, sosiego, esperanza ni bondades. Acércate con tu espada mágica y protégeme de todo mal. Aplica tu divina justicia en cualquier situación y desacierto.

Que todo fluya, que todo viaje, que todo sea siempre bienestar universal. Protege mis pensamientos, mis acciones y sueños. Que nada nos falte, que no carezca de elevadas posibilidades económicas, laborales, sentimentales y espirituales.

Yo soy la extensión plena y divina de la misma espada mágica de Porcia que bien me guía y me aleja de la calamidad. Así es y así siempre bien será.

Oración para
SOLICITAR AYUDA A LADY NADA

Que todo mal sea siempre erradicado, que yo me guíe por nobles sentimientos en cada circunstancia. Que nadie me afecte, que nadie me dañe.

Querida hermana Lady Nada, ven a mi encuentro. Guía siempre mis palabras en total pureza y gracia. Que a nadie lacere con ellas, que a nadie afecte con mis procesos evolutivos, que nadie sea jamás dañado.

Acude a encontrarme, acude a mi gracia. Aquí te llamo, señora Nada: que los males permanezcan alejados, que el dolor termine, que no quede un espacio ni un corazón que pueda ser contaminado nunca más con la maldad, y que ésta sea erradicada.

Que se aplique toda tu gracia. Así te pido que guíes mis pasos, siempre a la luz que tú supiste bien descubrir. Aquí te pido que me sustentes, que me aceptes en un círculo mágico de la verdad. Así es y así siempre el bien será.

Oración para
SOLICITAR AYUDA A LADY MIRIAM

Señora gracia, señora hermana mía, tú que encontraste encanto, sosiego y reparo: a ti te hablo, hermana mía, infunde tu gracia y termina ya con el dolor, la incongruencia e imperfección. Protege mis sueños y mis decisiones, transforma mi realidad en bienestar.

Que no falten misericordia y tolerancia universal, que no falten respeto ni bondad. Eleva nuestros corazones y nuestras almas a la pura divinidad. Tú que tocas corazones, tú que amas con verdad, enséñame a actuar con bondad, a recibir y promover bondades.

Que nunca falte amor universal en cada alma, en cada animal, en cada planta y en cada plano. Que el universo entero sea siempre bien sustentado, dotándolo de amor y paz. Así por siempre bien será.

Oración para
SOLICITAR AYUDA A QUAN YING

Señora de Oriente, señora de sueños, fuerza universal: aplica tu divinidad brindándome la sabiduría que me falta para poder evolucionar. Ayúdame, acude a mí, promueve las bendiciones infinitas, la alegría y la gracia. Cuida y ampara a cada criatura que vive y crece. Dótanos de gracia, que no nos falte ni el oro ni el pan, que no mueran los valores, que sólo sepan bien crecer. Ayúdanos ya aquí en absoluta paz.

Yo te solicito que me liberes de todo peso, de toda memoria celular, sumergiéndome en las aguas de tu divino palacio astral. Aproxímate y llévame a tus dulces aguas donde sé que la sanación bien encontraré.

Aquí estoy siempre dispuesto a escucharte, a difundir tu mensaje en completa calma, en perfecto amor. Así sabré responder a este favor que aquí solicito. Escucha mis palabras, atiende a mi pedimento con prontitud y perfección. Aleja todo bloqueo y limpia mi camino.

Que el oro venga a mis manos en continuidad, con gran sencillez y sin sacrificios ni lágrimas,

Oraciones

sin odios ni imperfecciones. Brinda la sanación espiritual a todo ser, en toda línea de tiempo.

Sana mi corazón de todo dolor, sana mi alma de toda situación y cicatriz, purificando la energía y todo corazón, alma y vida. Sana así a cada criatura en cada instante con infinito amor y total comprensión.

Ven a mí, libérame de todo karma y dolor. Acércate y toma mi alma, toma mi cuerpo, condúcenos en sueños a tu divino palacio donde encontraré la perfecta sanación a cualquier problema y bloqueo. Así siempre bien será.

Oración para
SOLICITAR AYUDA A KUTHUMI

Hermano mío de arenas del desierto, acude a mí. Resguárdame a cada momento de toda maldad, escóndeme de ella, hazme invisible ante su mirada, guía mis pasos en tu fiel caravana entre camellos y soles, entre lunas y estrellas.

Acompáñame siempre, regálame tus dátiles de la sabiduría.

Protege mi alma de cualquier injusticia, que no sea yo quien lesione a otras almas, que no sea yo un ser lacerado ni traumatizado. Ayúdame siempre, hermano mío, con tu sincera sonrisa a encontrar mi destino en total armonía y calma. Que nada me falte ni me perturbe.

Así sé tú siempre mi fiel guía, tú por delante y tú por detrás en cada costado mío siempre has de estar. Que no me odien más, que no intriguen en mi casa, en mi cama, en mi trabajo ni en mi sociedad. Que no se ofenda en el mundo ni en pensamiento ni en acciones.

Promueve ya el fiel respeto universal; que todo ser pueda continuamente evolucionar, sin más desgastes, sin más traiciones, sin más dolor, en gracia universal.

Así te pido que compartas tus dátiles de la verdad, tus dátiles de la libertad, tus dátiles de amor universal.

Riega tu mirra que otorga empleos justos, bien remunerados y honestos. Termina ya con todo abuso, ingratitud e imperfección.

Que así yo fluya siempre en gracia universal, así será.

Oración para
SOLICITAR AYUDA A HILARIÓN

Tú, hermano de la verdad, preséntate; protege mi lecho, protege mi hogar de todo malestar y desacierto. Eleva mis palabras con sinceridad, ayúdame siempre a no caer, a no errar. Ayúdame a saber evolucionar. Que pueda aceptar ahora lo que antes no acepté, que pueda perdonar lo que antes no perdoné, que pueda soltar las amarras que me impiden evolucionar.

Que consiga la divina sanación para mis finanzas, mis sentimientos, mis amistades, mis relaciones. Encuentra ya el camino hacia toda la verdad. Así te pido, hermano Hilarión, que en sincera bondad encamines mis pasos, mi corazón, mis decisiones, pensamientos e intenciones a aquel sendero donde obtenga siempre amor, bienestar y paz.

Aleja de mí a mi yo inferior. Errradícalo de mi ser, permitiendo que éste sea sanado, liberado y transformado para que desde ahora sólo sea guiado con superioridad, en armonía universal. Así es, y por tu gracia y ayuda siempre será.

Oración para
SOLICITAR AYUDA A JUAN EL AMADO

Soy la luz que tú sostienes en tu mano, soy la gracia que se sana, soy el amor y la piedad, soy puro bienestar. Yo me libero de todo dolor en toda situación. Que nada me falte, que nada me hiera nunca más.

Querido hermano, a ti te pido que me concedas todas las gracias que secretamente te solicito, siempre respondiendo al total respeto universal. Que nadie sea afectado por mis anhelos, que nadie sufra por mis decisiones, que nadie se ofenda, que nadie padezca más.

Envuélveme en plenitud y con total humildad aquí te solicito _____. Que esta situación sea purificada, elevada y transformada en bendiciones y gracias universales otorgadas. Permíteme ya que el sueño no me falte por esta causa, que el dinero fluya en abundancia universal, ayudando con él a promover las nobles causas universales. Sé que me escuchas y me amparas, por favor ayúdame y así siempre bien será.

Oración para
SOLICITAR AYUDA A SERAPIS BEY

Yo soy tu hermano que acude ahora a ti solicitando que termines cuanto antes con esta situación. Tú, hermano de la fuerza universal, ampárame, escúchame, libérame, purifica cada rincón de mi ser. Que nunca tenga carencias, que en ningún momento, bajo ninguna circunstancia actúe con bajezas.

Así te pido que vengas, me ayudes, me cobijes y termines ya con todo bloqueo que fuese causado por cualquier imperfección pasada o presente, que haya sido provocada en toda línea de tiempo. Acude en mi ayuda, eleva ya mi espíritu, mi casa, mis amistades, mis amores y mi sustento. Que no falte bienestar en cada hogar, en cada corazón, en cada nación; que no falte paz universal entre todos los seres y países.

Así te pido que te acerques a protegernos, que promuevas el aprendizaje espiritual, que frenes las bajezas humanas y eleves las almas y los corazones. En ti confío, a ti apelo: ven ya a cambiar toda mi realidad abriendo de par en par las puertas de las grandes oportunidades universales. Siempre así bien será.

Oración para
SOLICITAR AYUDA A EL MOYRA

Señor del equilibrio universal, tú que buscas y aplicas justicia y bienestar, aproxímate a nosotros, a cada hogar, corazón, alma y nación restaurando los valores, olvidando y sanando los odios. Promueve el nuevo equilibrio universal, ayúdanos siempre a todo bien purificar y resanar. Que jamás se acepten la maldad ni la injusticia, que no se acepten más odios ni actos malignos, que reine exclusivamente el bienestar.

Eleva los corazones, sánalos, reconfórtalos, reconstitúyelos en armonía universal. Yo te pido que bendigas mi hogar, mis pensamientos y sentimientos, que me brindes las oportunidades que por derecho divino merezco y que hasta ahora me fueron negadas por bloqueos energéticos.

Ven a mí, fluye en mí, reconecta mi divinidad. Que así, bajo el amparo de la bondad, pueda yo redireccionar mi sendero. Que mi vida sea dotada de altos sentidos que transmuten cualquier imperfección y me acerquen más a la pura elevación. Así te pido que me guíes, me sustentes, me bendigas. Que todo fluya en divinidad, honradez, bondad y plenitud. Resguárdame, acércate a mi dulce corazón y a cada corazón, transformándonos en jardines de rosas sin espinas, sin maldad ni dolor.

Construye en nuestras almas un jardín de oportunidades, un jardín de bendiciones, un jardín de sintonía universal en el que cada vibración sea bien tratada, cada corazón sea siempre purificado y cada situación sea bien solucionada, en pura elevación, sin más dolor ni bloqueos ni demoras.

Ven ya, transforma mi vida, sana así toda mi realidad y también la de toda la humanidad. Así será.

EPÍLOGO

Hermanos míos, toda situación tiene tras de sí un motivo divino que les ayudará a sanar, crecer, evolucionar y liberarse del karma pasado. Para cada situación siempre hay dos visiones o posibilidades de trabajar con ella. De cómo trabajen con sus pensamientos y sentimientos dependerá el resultado del mismo. Por consiguiente, sépanse plenos y bien amados, desplácense sin más angustias. Permanentemente podrán hacer elecciones que pueden ser elevadas o inferiores, pero que al final llevarán la situación a un determinado punto. Entonces, ¿por qué elegir las que les hieren en lugar de optar por aquellas que les elevan?

Tienen aquí la gran oportunidad de llegar a la perfección espiritual que sólo conlleva beneficios infinitos. Aprendan ya a tomar el control de sus pensamientos y sus actos, dejándose guiar sólo por su yo superior. Que nadie les dañe, que nadie les afecte, pero principalmente, que nunca más se permitan causarse daño a ustedes mismos.

En el momento en que logren desprenderse de la visión de víctima y la sustituyan por el poder propio, habrán encontrado la clave para liberarse de todo abuso y mal que otros, llevados por su falta de amor y evolución, llegaran a dirigir hacia ustedes. Aprendan, hermanos míos, que no existirá un abusador si ustedes no colaboran a suscitar esta conducta, al sentirse inferiores, torpes, imperfectos o poco valiosos.

Si se revaloran y se bendicen, podrán fluir en armonía. En la medida que reconozcan la grandeza universal en su manto físico, su mirada, sus palabras y sus corazones, lograrán transformar las vibraciones inferiores y erradas que antes les acompañaron y que fueron las responsables de su carga. No permitan que vuelvan a ustedes expresadas en dolor, odio, intrigas, bajezas, egoísmo e intolerancia. Comprendan ya que la vibración es real, que genera consecuencias y promueve sentimientos, los cuales viajan libres recargándose de la misma sustancia de la cual partieron; por consiguiente, no se espanten después ante el gran monstruo que crearon: sin percatarse, solicitaron al universo que vuelva a ustedes.

A pesar de ello, no teman, recuerden siempre que la energía puede ser bien sanada, transformada, elevada y purificada. Existen los milagros, existen las sorpresas universales que todo solucionan aun sin tener un soporte físico que las mantenga sobre la Tierra.

De tal forma, son libres de cambiar de rumbo, de modificar sus pensamientos y comenzar de nuevo; de perdonar sus errores y los de otros que han debido herir su alma. Sin importar cuán difícil pueda parecer una situación, siempre existe una solución plena y perfecta, una solución divina que no estará en sus manos pero que sí está disponible en el universo: **esta solución bendita y plena surge en el último instante de un modo perfecto, dejando a todos satisfechos sin más dolor, ingratitudes ni imperfecciones**. Para aplicarla sencillamente tendrán que aprender a solicitar en cada instante la divina intervención universal; permitan que el universo trabaje en la planificación e inmaculada ejecución para resolver cualquier circunstancia en absoluta calma y elevación. No importan los efectos causados en primera instancia; si permiten que el universo les guíe el resultado final será siempre en perfección y no en imperfección.

La existencia humana no tiene por qué ser una existencia tortuosa. Déjense fluir con inteligencia, ética, amor y absoluta sinceridad, sin odios ni agravios. Así se elevarán por encima del reflejo que se mira en su realidad física; encumbren sus almas en plenitud, calma, sinceridad y bondades. Ningún motivo es tan importante que merezca que comprometan sus almas, su integridad humana y su propia evolución.

Centren sus corazones en el amor universal, en sus esperanzas y anhelos. Olviden todo mal y alejen la indignación de su vida, sus sentimientos y pensamientos.

Dediquen su tiempo a sus sueños y olviden dolores, angustias y fallas. No tienen un siglo por delante para permitirse errar su sendero enfocándose en los errores evolutivos propios y ajenos, concéntrense en las maravillas que el universo les ofrece: amor, sinceridad, amistad, un hermoso paisaje, grandes ilusiones.

Enfóquense en generar más amor, en vibrar, amar, perdonar, en sostener ilusiones infinitas. Son ustedes bendiciones puras y así habrán de aprender a encaminar su trayecto, sus aspiraciones. No permitan más que las bajas frecuencias dañen su realidad, enfoquen sus vibraciones en superioridad, inteligencia y dignidad, reconectándolas con el amor.

Sanen sus almas y sus corazones, no dejen que el mal se instaure en su mente, su corazón, su sendero laboral y su evolución.

Queridos hermanos, les agradezco y me despido de ustedes por el momento. Ha sido un gusto maravilloso compartir su tiempo, su espacio, sus almas y su proceso evolutivo.

Gracias por su confianza, su tiempo, su divina existencia, y por permitir que las enseñanzas del Maestro Saint Germain estén cerca de ustedes en cada momento y en cada circunstancia que afronten. Tomen en cuenta que son, permanentemente, los bien amados del universo. Recuerden que no existe imperfección imposible de sanar ni evolución que no conozca de perdón.

Vibren en luz, busquen la luz, promuevan la luz, amen con dignidad; en ese bendito sendero encontrarán a Dios y así se reconectarán con su propia elevación. Así es y así será.

Así los ama, siempre suyo.
Saint Germain.

Esta obra se terminó de imprimir
en mayo de 2015, en los Talleres de

IREMA, S.A. de C.V.
Oculistas No. 43, Col. Sifón
09400, Iztapalapa, D.F.